ICH ZEIGE DIR, WIE DU REICH WIRST

RAMIT SETHI

DAS JOURNAL

✓ Keine komplizierte Mathematik

✓ Kein Aufschieben mehr

✓ Gestalte dein reiches Leben heute

FBV

Bibliografische Information der Deutschen Nationalbibliothek
Die Deutsche Nationalbibliothek verzeichnet diese Publikation in der Deutschen Nationalbibliografie. Detaillierte bibliografische Daten sind im Internet über https://dnb.de abrufbar.

Für Fragen und Anregungen
info@finanzbuchverlag.de

Wichtiger Hinweis
Ausschließlich zum Zweck der besseren Lesbarkeit wurde auf eine genderspezifische Schreibweise sowie eine Mehrfachbezeichnung verzichtet. Alle personenbezogenen Bezeichnungen sind somit geschlechtsneutral zu verstehen.

2. Auflage 2023

Türkenstraße 89
80799 München
Tel.: 089 651285-0
Fax: 089 652096

Die im Buch veröffentlichten Ratschläge wurden von Verfasser und Verlag sorgfältig erarbeitet und geprüft. Eine Garantie kann jedoch nicht übernommen werden. Ebenso ist die Haftung des Verfassers beziehungsweise des Verlages und seiner Beauftragten für Personen-, Sach- und Vermögensschäden ausgeschlossen.

Übersetzung: Philipp Seedorf
Redaktion: Manuela Kahle
Korrektorat: Christine Rechberger
Umschlaggestaltung: in Anlehnung an das Cover der Originalausgabe, Marc-Torben Fischer, München
Umschlagabbildung: Cover background texture © WONGSAKORN/Adobe Stock
Innenlayout: Design by Rae Ann Spitzenberger
Satz: Carsten Klein, Torgau
Druck: GGP Media GmbH, Pößneck
Printed in Germany

ISBN Print 978-3-95972-684-9
ISBN E-Book (PDF) 978-3-98609-317-4
ISBN E-Book (EPUB, Mobi) 978-3-98609-318-1

Dieses Journal ist Jill Jensen gewidmet,
meiner Mitarbeiterin, Chefassistentin und Freundin.
Du warst ein Lichtblick und ein echter Profi.
Ich werde unsere gemeinsame Zeit vermissen.

Inhalt

EINLEITUNG

Eines kann ich Ihnen versprechen: Sie werden niemals ein »Just Breathe«-Schild in meinem Haus finden.

Ich liebe es, mir vorzustellen, wie jemand durch den Supermarkt läuft, nach ein paar Brezeln sucht und dann in den Gang für Inneneinrichtung abbiegt. Er geht an dem Schild »Live, Laugh, Love« vorbei – zu klischeehaft – und sieht dann plötzlich dieses »Einfach Atmen«-Schild. Ja! Das ist es. Das ist genau, was er braucht.

Was geht einem dabei durch den Kopf? Macht man sich tatsächlich Sorgen, dass der Körper seinen natürlichen Instinkt vergisst, am Leben zu bleiben? Oder ist es einfach nur ein ästhetisches Verlangen, sein Zuhause genau wie dieses eine bestimmte Haus auf Instagram einzurichten?

Wie Sie sehen, habe ich darüber lange nachgedacht.

Ich weiß, ich weiß. Wenn man dieses Schild kauft, geht es natürlich nicht ums Atmen. Es geht darum, sich mit inspirierenden und angenehmen Gedanken zu umgeben. Darum, sich daran zu erinnern, dass wir uns trotz unserer E-Mails, vollgestopfter Terminkalender und endlosen To-do-Listen auf das konzentrieren sollten, worauf es wirklich ankommt.

Ich muss zugeben, dass ich es genauso sehe – ich zeige es nur auf andere Weise. Ich wähle meine Reiseziele basierend auf Neugier und Abenteuerlust aus. Ich habe eine Sammlung an Büchern über Design, weil sie mich inspirieren. Wenn ich mich mit schönen Dingen umgebe und von den Menschen, die ich liebe, ermutigt werde, fühle ich mich gut.

Uns allen ist dieser intuitive Wunsch gemeinsam, eine Inspiration, einen Lebenssinn, etwas Größeres als unsere Alltagsexistenz zu finden. Aber, wenn wir über Geld nachdenken, fehlen die Konzepte von Inspiration und Ehrgeiz leider. Tatsächlich sind dabei oft Angst und Nervosität die primären Emotionen. Ich kenne Menschen, die mein Buch, *Ich zeige dir, wie du reich wirst,* gelesen haben, mehr als 1 Million Dollar an Investments besitzen und immer noch nervös sind, wenn es um Geld geht.

Wann waren Sie das letzte Mal *begeistert,* als Sie über Geld nachgedacht haben? Wann haben Sie das letzte Mal wirklich davon geträumt, was Sie mit dem Geld anfangen würden? Wenn ich Sie frage, wie es sich anfühlen würde, sogar *noch mehr* Geld für die Dinge auszugeben, die Sie lieben, wie würden Sie reagieren?

Deswegen habe ich dieses Journal geschrieben.

Indem Sie meine Übungen und Anregungen nutzen, schaffen Sie eine wunderbare Vision Ihres reichen Lebens – Ihres idealen Lebens, in dem Geld, Beziehungen und Freizeit auf harmonische Weise zusammenarbeiten. Es wird eine Vision sein, die Sie begeistert und inspiriert.

Auf den folgenden Seiten habe ich meinen Ansatz geschildert, um Ihnen zu helfen, sich Ihr reiches Leben vorzustellen, und zwar in lebhaften Details, die es zu etwas Persönlichem machen. Wir werden einige Ihrer »unsichtbaren Skripte« über Geld dekonstruieren; Ihre Glaubenssätze über Geld neu ausrichten; bestimmte Geldregeln schaffen, die dafür sorgen, dass Sie Ihr reiches Leben ohne Schuldgefühle leben können; und noch viel mehr.

Ich bin mir sicher: Wenn Sie die Übungen durcharbeiten, wird sich Ihre Vision von einem reichen Leben vor Ihnen materialisieren. Plötzlich werden Sie realisieren, wieso Sie so hart arbeiten – und was Ihr Leben noch erfüllender machen könnte. Ich wünsche mir für Sie, dass Sie, wenn Sie ans Ende des Buches gelangen, absolut zuversichtlich sein werden und sich nicht dafür rechtfertigen müssen, wie Sie Ihr reiches Leben verbringen wollen.

Aber bevor wir anfangen, will ich von Ihnen hören. Schreiben Sie mir eine E-Mail (unter ramit.sethi@iwillteachyoutoberich.com, Betreff: Journal-Leser) und teilen Sie mir zwei Dinge mit:

1. Welche Worte kommen Ihnen in den Sinn, wenn Sie an Geld denken?
2. Wie sieht Ihr reiches Leben in fünf Jahren aus? (Bitte seien Sie spezifisch.)

Ich lese jede E-Mail und ich versuche, auf so viele wie möglich zu antworten.

Und nun geht es los.

RAMIT SETHI
Los Angeles, CA

1

GESTALTEN SIE IHR REICHES LEBEN

Wie sieht Ihr Traumhaus aus? Hat es ein Stockwerk oder zwei? Liegt es am Strand, auf dem Land oder befindet sich Ihr Zuhause in der 33. Etage eines Wolkenkratzers? Wie sieht das Innere aus – ist es modern? Minimalistisch? Vintage? Haben Sie eine Küche mit hübschen Pfannen und Hightechgeräten auf der Arbeitsplatte? Ein Spielzimmer für die Kinder? Einen offenen Kamin oder einen riesigen Hinterhof? Meines hat ein Homeoffice mit hohen Decken, ist komplett aus japanischem Holz und wird mit einem Hausmeister auf Lebenszeit geliefert, damit ich niemals in den Baumarkt muss. Das ist es, was ich ein reiches Leben nenne.

Mit etwas Zeit ist es einfach, Ihr Traumhaus in Grundzügen zu entwerfen. Aber der Rest unseres Lebens liegt mehr oder weniger im Dunkeln. Was wollen wir tun? Wohin wollen wir? Was ist uns wichtig?

Ich habe eine Liste mit Anregungen vorbereitet, aufgrund derer Sie Ihr reiches Leben gestalten können. Achten Sie auf das Wort »gestalten«: Wann haben Sie das letzte Mal *irgendeinen* Aspekt Ihres Lebens bewusst gestaltet? Die meisten von uns sind so damit beschäftigt, E-Mails zu beantworten und zu arbeiten, dass wir niemals die Gelegenheit haben, durchzuatmen und vorauszudenken.

Nun haben Sie diese Chance. Es mag ein paar Anläufe erfordern, aber Sie können (und sollten) diese Vision mit der Zeit immer wieder überdenken, modifizieren und erweitern.

Sicher, es könnte etwas Extravagantes sein wie ein Privatflug. Aber es kann auch etwas durch und durch Handfestes sein. (Eines meiner Ziele in meinem reichen Leben besteht darin, mein Gepäck vorausschicken zu lassen und mit leeren Händen durch den Flughafen zu schlendern!)

Zu Ihrem reichen Leben könnte gehören:

- » Ihre Kinder jeden Tag von der Schule abzuholen,
- » einen Kaschmirpullover für 1000 Dollar zu kaufen,
- » nach Herzenslust im Biosupermarkt einzukaufen, ohne sich über die Kosten Gedanken zu machen,

- Ihre ganze Familie zu einem unvergesslichen Urlaub nach Disney World einzuladen und ihr die »Behind-the-Scenes«-Tour mit den Angestellten zu spendieren,
- ein eigenes Handyladegerät für jeden Raum des Hauses zu kaufen.

Sie sehen, ein reiches Leben kann sich um solche Kleinigkeiten wie Ladegeräte drehen oder um etwas so Großes wie ein wunderschönes Ferienhaus. (Ich habe mir kürzlich eine zweite French-Press-Kaffeekanne gekauft, damit ich sie nicht jeden Tag von Hand ausspülen muss. Ich bin jeden Morgen froh über diese 20 Dollar, die ich ausgegeben habe.) Die Fragen in diesem Abschnitt werden Ihnen dabei helfen, all diese Ideen, die Sie über das reiche Leben haben, zu visualisieren.

Jetzt ist es an der Zeit, es zu gestalten.

Ich will, dass Sie aufschreiben, was Sie heute über Ihr finanzielles Leben denken und über Ihr morgiges reiches Leben. Legen Sie sich keine Beschränkungen auf – denken Sie an alles! Überlegen Sie, welche Worte Ihnen in den Sinn kommen (Stress, Begeisterung, Scham), wofür Sie Geld ausgeben und was Ihnen Freude macht.

Wie mein Leben heute aussieht	Wie mein reiches Leben morgen aussieht

» Betrachten Sie dann die Unterschiede bei den Antworten. Was fällt Ihnen auf?

Ich sage immer, »Zeigen Sie mir den Kalender einer Person und wofür sie Geld ausgibt, und ich sage Ihnen, wo die Prioritäten dieser Person liegen«. Denken Sie darüber nach, was Ihnen in Ihrem reichen Leben am wichtigsten ist und sehen Sie sich dann an, wofür Sie in den letzten zwei Wochen Geld oder Zeit investiert haben. Wie genau liegen Zeit- und Geldaufwand auf einer Linie damit?

		Worauf Sie sich konzentriert haben	Worauf Sie sich ab jetzt konzentrieren wollen
Woche 1	**Zeit**		
	Geld		
Woche 2	**Zeit**		
	Geld		
Beispielwoche	**Zeit**	*Instagram*, Der Bachelor, *Existenzängste über meinen Lebensinhalt*	*Einen neuen Freund kennenlernen, eine neue Sprache lernen*, Der Bachelor *gucken (wir wollen mal ehrlich sein)*
	Geld	*Gimmicks, die toll aussehen, aber eigentlich Mist sind; mittelmäßiges Essen bestellt*	*Einen tollen Urlaub planen, meinen »Notgroschen« ansparen*

FÜLLEN SIE DIE LEERSTELLEN

In meinem reichen Leben will ich nicht mehr

____

____

____

____

Beispiele

» Weniger als 25 Prozent Trinkgeld geben.

» Mir Sorgen über unbedeutende Ausgaben machen.

» Mich über die Steuern beschweren.

IHR PERFEKTER TAG

Lassen Sie uns Ihren perfekten Tag planen. Was tun Sie als Erstes, wenn Sie aufstehen? Wie verbringen Sie Ihren Nachmittag und Abend?

6 UHR	
7 UHR	
8 UHR	
9 UHR	
10 UHR	
11 UHR	
12 UHR	
13 UHR	

14 UHR

15 UHR

16 UHR

17 UHR

18 UHR

19 UHR

20 UHR

21 UHR

22 UHR

23 UHR

SKIZZIEREN SIE ETWAS

Schließen Sie die Augen und stellen Sie sich Ihr Traumhaus vor. Wo ist es? Wenn es in einer aufregenden Stadt liegt, in welcher genau? In welchem Viertel? (Seien Sie präzise!) Wenn es weit abgelegen ist, schließen Sie die Augen und stellen Sie sich vor, was Sie sehen, wenn Sie aus der Tür treten. Welche Art von Haus ist es? Ein modernes? Ein rustikales Landhäuschen? Wie viele Schlafzimmer hat es? Zeichnen Sie es oder kleben Sie hier Fotos davon ein.

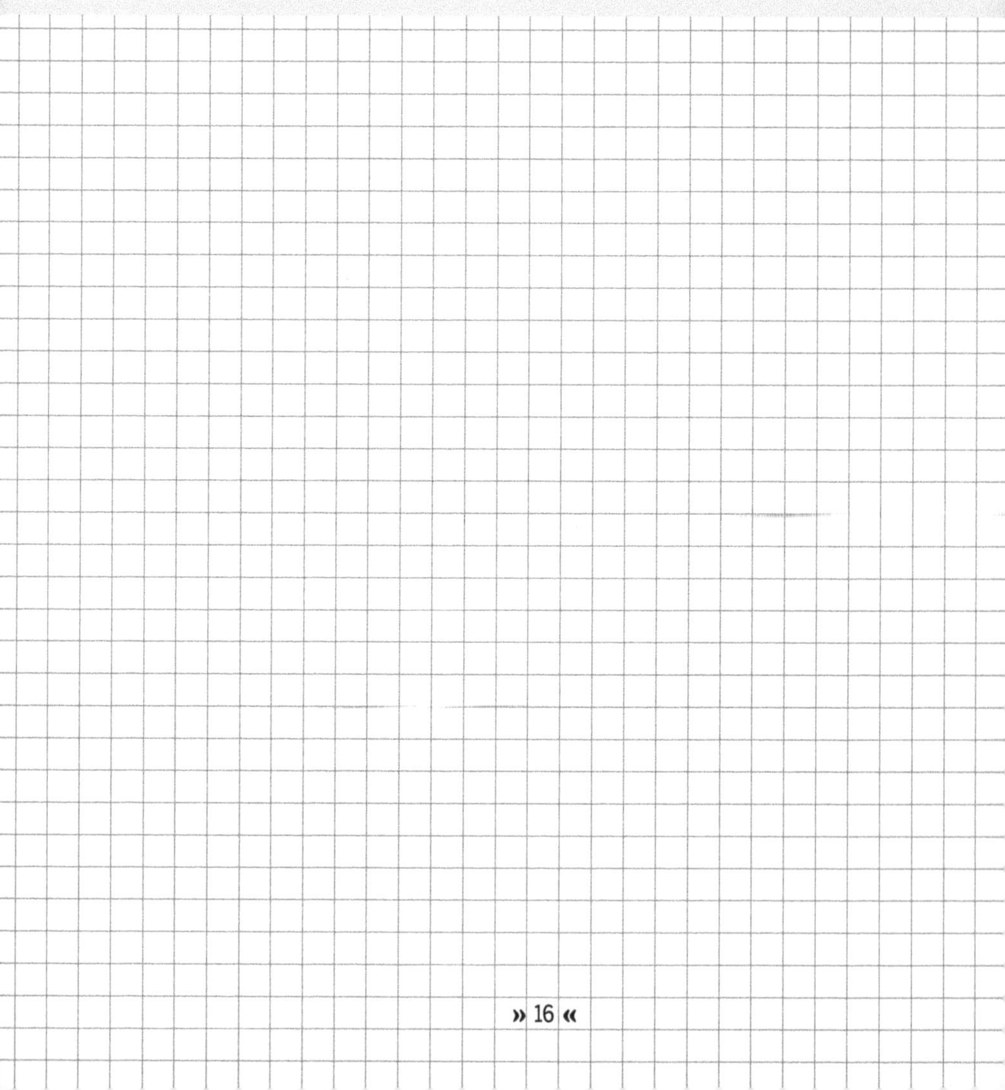

Einige Designelemente, die Sie berücksichtigen könnten

» Anzahl der Schlafzimmer » Küche » Hinterhof/Garten » Homeoffice » Eingangsbereich » Pool » Beleuchtung » Architekturstil » Höhe der Decken » Fenster » Einrichtungsgegenstände » Ort (Strand, Land, Berge) » Reinigung (wer führt sie durch und wie häufig?)

IHRE BUCKETLIST FÜR IHR REICHES LEBEN

Listen Sie zügig 15 Dinge Ihrer Bucketlist eines reichen Lebens auf. Dazu können Reiseziele gehören, Dinge, die Sie kaufen wollen, Aktivitäten, Events, Menschen, die Sie treffen wollen, und noch viel mehr.

1 ______________________________

2 ______________________________

3 ______________________________

4 ______________________________

5 ______________________________

6 ______________________________

7 ______________________________

8 ______________________________

9 ______________________________

10 ______________________________

11 ______________________________

12 ______________________________

13 ______________________________

14 ______________________________

15 ______________________________

» Wenn Sie fertig sind, kreisen Sie die Top-5 ein, die Ihnen am wichtigsten sind. Welche Worte oder Sätze fallen Ihnen dazu ein?

____

Lassen Sie uns nun einen geliebten Menschen an Ihrer Liste teilhaben. Suchen Sie jemanden aus, mit dem Sie Ihr reiches Leben teilen wollen. (Nehmen Sie sich eine Sekunde und stellen Sie sich das Lächeln dieser Person vor. Denken Sie darüber nach, was sie Ihnen bedeutet.) Sehen Sie sich dann noch einmal Ihre Liste auf der vorherigen Seite an und stellen Sie fest, welche Punkte davon auch dem Menschen gefallen würden, den Sie lieben. Suchen Sie einen Punkt aus, notieren Sie ihn unten und beschreiben Sie Ihre Vorstellung davon, wie Sie diese Erfahrung gemeinsam machen. Seien Sie sehr spezifisch, wenn Sie darüber nachdenken, was die geliebte Person in Ihrem Leben erfreuen und überraschen würde.

» Zum Beispiel: »Ich weiß, dass meine Schwester immer davon geredet hat, einmal gerne einen Fallschirmsprung zu machen, aber sie hat es bisher nie getan. Ich würde sie gerne dazu einladen und jemanden engagieren, der es auf Video aufnimmt, damit sie allen zeigen kann, dass sie es endlich getan hat!«

Punkt von der Bucketlist: ______________________________

Ihre Vorstellung:

____

____

____

____

____

____

____

____

Wählen Sie den Punkt Ihrer Bucketlist, der Sie am meisten begeistert. Wir werden herausfinden, wie Sie dafür sorgen, dass er Wirklichkeit wird!

1. **Schätzen Sie, wie viel es kosten wird.** Das ist der Schritt, der viele Menschen aus dem Takt bringt, denn sie glauben, dass sie die entsprechende Zahl ganz genau angeben müssen. Nein! Ich will, dass Sie sich eine Zahl vorstellen, die Sie auf der Rückseite eines Bierfilzes notieren würden und dann 20 Prozent draufschlagen, damit Sie nicht zu überrascht sind. Etwa folgendermaßen: »Mein Traum ist es, zwei Wochen nach Italien zu fahren. Ich will Businessclass fliegen, das kostet etwa 3000 Dollar. Schicke Hotels haben keine Priorität, also kann ich vielleicht ein Zimmer für 200 Dollar pro Nacht finden. Ich will auf jeden Fall den Vatikan besuchen, in einem tollen Restaurant essen und einen Abstecher in die Toskana machen, das wird vielleicht um die 500 Dollar am Tag kosten, also haben wir einen Gesamtbetrag von ungefähr 15 000 Dollar. Wenn ich noch 20 Prozent dazurechne für Dinge, die ich nicht vorhersehen konnte, landen wir bei 18 000 Dollar.« Denken Sie daran, Ihr Ziel besteht nicht darin, besonders präzise zu sein. Es geht darum, einen ungefähren Preis zu berechnen, damit Sie Ihre Vision zur Realität machen können. Im Zweifel lieber größere Träume träumen!
2. **Entscheiden Sie, wann Sie das tun wollen.** Handelt es sich um etwas, das Sie in drei Monaten tun wollen? Wenn ja, müssen Sie 6000 Dollar pro Monat sparen. Aber was, wenn Sie es erst in fünf Jahren tun wollen? Plötzlich können Sie diese unglaubliche Reise mit nur 300 Dollar im Monat finanzieren.
3. **Um sehr hochgesteckte Ziele zu erreichen, die weiter als fünf Jahre in der Zukunft liegen, können Sie Geld *investieren.*** Als meine Frau und ich relativ frühzeitig in unserer Beziehung diese Übung durchführten, beschlossen wir, dass wir unseren zehnten Hochzeitstag mit all unseren Freunden und Verwandten im Ausland feiern wollten. Wir veranschlagten beide einen hohen Betrag. Bei einer so langen Zeitspanne, sparten und investierten wir die Hälfte des Betrages, den wir brauchten, und die Erträge dieses Investments brachten uns die zweite Hälfte ein.

ENTWERFEN SIE EINEN PLAN FÜR IHRE BUCKETLIST

Punkt Ihrer Bucketlist:

Kosten:

Veranschlagte Zeit:

Plan:

Sehen Sie sich Ihre Bucketlist von Seite 18 an. Denken Sie darüber nach, wann Sie diese Dinge tun wollen.

Bis ich 40 bin, will ich ...

Zwischen 40 und 50 will ich ...

Zwischen 50 und 60 will ich ...

Ihre besten Jahre fürs Geldausgeben

Als ich in Indien war, sagte mein Onkel etwas zu mir, dass ich nie vergessen werde: »Deine besten Jahre zum Geldausgeben liegen zwischen 40 und 60.«

Denken Sie darüber nach: Was, wenn Sie nicht nur vorausplanen sollten, wie Sie mehr Geld *sparen*, sondern überlegen müssten, was und wann Sie es *ausgeben*? Und wenn die richtige Antwort nicht einfach nur »später« wäre?

Sie und ich verstehen das auf intuitive Weise. Wir wissen, dass es einige Dinge gibt, die man besser jetzt tut, und andere, die man besser später tut. Ich werde mich nicht auf den Weg ins Basislager am Mount Everest machen, wenn ich 90 bin.

Aber halten Sie einen Moment inne! Bevor Sie weiterlesen, sollten Sie nicht den Fehler begehen, den so viele Menschen machen. Sie verschieben ihre Träume auf ein unbestimmtes Datum in der Zukunft und denken an einen magischen Augenblick, wenn sie die Zeit, das Geld, die körperliche Gesundheit und die mentale Energie haben werden, sich diesen Wunsch zu erfüllen. Die Sofas dieser Welt sind voller Menschen, die sagen, »das werde ich eines Tages tun«.

Wenn Sie sich an Eines aus diesem Journal erinnern, erinnern Sie sich an Folgendes: *Ihr reiches Leben wird nicht von allein Wirklichkeit.* Nur Sie können es real werden lassen – und ich will, dass Sie das bald tun.

Es stimmt, dass Sie vermutlich in der Zukunft mehr Geld haben werden als jetzt. Aber oft ist es so, dass, während Ihr Vermögen wächst, Ihre Neigung und Bereitschaft, neue Dinge auszuprobieren, sinkt. Stellen Sie sich vor, dass Sie eines Tages vielleicht zu alt sind, um Ihr Geld auszugeben. Mein Onkel erwähnte meinen Großvater. »Wenn du ihm jetzt 10 Millionen Dollar geben würdest, was würde er damit anfangen? Er braucht kein Geld. Er ist glücklich, einfach bei uns zu Hause zu sein.«

Das ist eine provokative Idee: dass wir alle ein optimales Zeitfenster haben, um Geld auszugeben. Geben Sie es zu früh aus, wird es Ihnen ausgehen. Warten Sie zu lange, werden Sie nicht mehr in der Lage sein, es wirklich zu genießen. Wollen Sie 70 werden und feststellen, dass Sie Millionen von Dollar haben, Ihnen aber die Möglichkeiten und das Verlangen fehlen, sie auszugeben?

Diese Philosophie hat tiefgehende Konsequenzen. Wenn Sie heute Ihr reiches Leben erschaffen und Sie wissen, dass der beste Zeitpunkt fürs Geldausgeben im Alter zwischen 40 und 60 liegt, was würden Sie dann jetzt tun? Was würden Sie später tun?

Mit dem Konzept der »besten Jahre zum Geldausgeben« im Hinterkopf, stellen Sie einem älteren Verwandten oder Freund die untenstehenden Fragen über Geld. Was fällt Ihnen auf?

Wenn du in der Zeit zurückreisen könntest, was würdest du beim Umgang mit Geld anders machen?	
Welche Einstellung zum Geld hattest du in meinem Alter und welche heute?	
Wer sind deine Vorbilder für den Umgang mit Geld?	
Wofür gibst du eine Menge Geld aus?	
Wofür gibst du wenig Geld aus?	

Was war Ihnen vor zehn Jahren wichtig? (Betrachten Sie Bereiche wie persönliche Beziehungen, Lebenssituation, oder wie Sie Ihre Zeit verbrachten.)

____

____

____

____

____

Was ist Ihnen heute wichtig?

____

____

____

____

____

FÜLLEN SIE DIE LEERSTELLE

In den nächsten Jahren will ich in der Lage sein __________________

____

____,

um einen Schritt näher an mein reiches Leben heranzukommen.

Wie Sie Ihre Zehnjahreswunschliste für Ihr reiches Leben erstellen

Nehmen Sie sich eine halbe Stunde Zeit an einem angenehmen, ruhigen Ort. Ihr Ziel ist es, ein Brainstorming zu machen über die aufregendsten, wichtigsten Dinge, die Sie in den nächsten zehn Jahren erreichen wollen.

Beispiele könnten sein: Spanisch lernen, eine dreiwöchige Reise mit den Kindern nach Japan, eine Tasche von Chanel kaufen, jemanden anstellen, der einmal die Woche das Haus putzt, 5 Prozent des eigenen Einkommens an die Wohlfahrt spenden oder eine Fußballmannschaft trainieren. Die Regeln dafür:

1. **Denken Sie im großen Maßstab!** Legen Sie sich keine Beschränkungen auf. Sie haben ein Jahrzehnt Zeit, das alles zu erreichen! Stellen Sie sich die Frage: Wie kann ich meine Ziele sogar noch höherstecken?
2. **Geben Sie der Sache Bedeutung.** Ich will, dass Sie über die Dinge nachdenken, die Sie wirklich lieben und eine unglaubliche Erfahrung für sich selbst schaffen. (Ich liebe zum Beispiel Schreibwaren. Als ich in Kioto war, besuchte ich einen örtlichen Kunsthandwerker, dessen Familie seit Generationen handgefertigte Notizbücher herstellte. Er zeigte mir, wie er die Notizbücher herstellte und half mir dann, mein eigenes zu gestalten und zu fertigen. Es war für mich eine wirklich bedeutungsvolle Erfahrung und das Notizbuch liegt nun auf meinem Schreibtisch.)

Wenn Sie fertig sind, machen Sie eine kurze Pause und werfen Sie dann erneut einen Blick darauf. Wenn Sie sich die Liste ansehen und sich vorstellen, auch nur die Hälfte der Punkte darauf zu tun, wie fühlen Sie sich dann? Wenn Sie die richtigen Punkte für Ihre Wunschliste gewählt haben, sollten Sie eine Mischung aus Begeisterung und Nervosität verspüren.

Wenn Sie diese Übung mit einem Partner gemacht haben, haben Sie die großartige Gelegenheit, Ihre Listen zu vergleichen. Viel Spaß dabei. Als meine Frau und ich das gemeinsam taten, habe ich gesagt: »WAS willst du tun?! Wow, davon hatte ich ja keine Ahnung.« Vergessen Sie nicht, Ihren Partner zu ermutigen – Sie sollten in diesem Fall Ihren Partner unterstützen und nicht kleinhalten.

Plötzlich haben Sie sich damit über die alltäglichen Probleme erhoben, etwa Ihren Kontostand zu betrachten, Ihre künftige Rente und darüber nachzudenken, wie viel Sie für Einkäufe ausgeben. Sie haben damit eine Liste von Dingen, die Sie gerne tun würden und die Sie mit der Zeit abarbeiten können – und wenn Sie auch nur die Hälfte davon tun, wäre es immer noch ein großartiges Jahrzehnt.

Wenn Sie plötzlich überraschend zu Geld kämen, wie würden Sie es ausgeben, um Ihr reiches Leben zu erschaffen?

1000 Dollar	100 000 Dollar

» Welche Unterschiede fallen Ihnen bei Ihren Antworten auf? Wenn Sie mehr Geld haben, beschließen einige Menschen, einfach mehr von dem zu tun, was sie schon immer taten (»Ich würde viermal pro Woche auswärts essen gehen.«). Andere wählen völlig unterschiedliche Dinge (»Ich würde einen Koch dafür bezahlen, dass er mir beibringt, wie man wirklich gut kocht.«).

____

____

____

FÜLLEN SIE DIE LEERSTELLE

Ich habe früher gedacht, dass ich niemals Geld ausgeben würde für

______________________________,

aber ich bekomme langsam den Verdacht, dass ich es doch möchte. Ich könnte es probieren, um zu sehen, ob es mir gefällt, indem ich

______________________________.

Was sind die wichtigsten Dinge, für die Sie LIEBEND gerne Geld ausgeben würden? Denken Sie über Ihre Favoriten nach und notieren Sie ein paar Beispiele für das, was Sie glücklich macht.

- ☐ Essen gehen
- ☐ Reisen
- ☐ Gesundheit, Fitness und Wellness
- ☐ Komfort
- ☐ Erlebnisse
- ☐ Freiheit
- ☐ Beziehungen
- ☐ Großzügigkeit
- ☐ Luxus
- ☐ Status
- ☐ Selbstverbesserung
- ☐ Etwas anderes: ____________

____

____

____

____

____

____

____

Ein Vorschlag, über den Sie vielleicht noch nie nachgedacht haben: Geld zu nutzen, um sich »Zeit zurückzukaufen« (zum Beispiel eine Reinigungskraft anzustellen oder vorgeschnittenes Gemüse zu kaufen). Welche drei Möglichkeiten fallen Ihnen ein, um Ihre Zeit zurückzukaufen?

1 ____

2 ____

3 ____

Was würde sich an Ihren Reisen in Ihrem reichen Leben ändern?

Beispiele

- Flugtickets nicht danach aussuchen, wie viel sie kosten, sondern ob es Direktflüge sind.
- Hotels aufgrund des gebotenen Komforts buchen.
- Zimmerservice bestellen, egal, wie viel es kostet.

Welches greifbare, materielle Ding fällt Ihnen ein, das Sie einfach NUR SO besitzen wollen? (zum Beispiel eine wunderschöne Handtasche, ein Carbon-Rennrad oder teuren, losen Tee) Es ist völlig in Ordnung, sich etwas zu wünschen, ohne dass man es logisch rechtfertigen muss!

TRAUMURLAUB

Beschreiben Sie Ihren Traumurlaub. Wohin wollen Sie? Wo würden Sie unterkommen? Wer wäre bei Ihnen? Welche Erinnerungen würden Sie erschaffen? Nutzen Sie einige der Notizen von den vorhergehenden Seiten, aber gehen Sie über das rein Logistische hinaus – gestalten Sie eine unglaubliche Erfahrung.

DIE »REICHES LEBEN«-CHALLENGE

Hier ist meine Herausforderung für Sie: Ich will, dass Sie einen der Punkte für ein reiches Leben von der untenstehenden Liste umsetzen und sich notieren, wie Sie sich *vorher* und *nachher* fühlen.

- ☐ Vorspeisen zu meiner Mahlzeit bestellen.
- ☐ Biolebensmittel kaufen.
- ☐ Extra-Guacamole bestellen.
- ☐ Meine Kleidung maßschneidern lassen.
- ☐ Etwas, das ich gerne hätte, einfach »nur so« kaufen.
- ☐ Großzügiges Trinkgeld geben – mindestens 30 Prozent.
- ☐ Jemandem einen Kaffee spendieren.
- ☐ Einen Tag in der Therme verbringen.
- ☐ Eine Reise buchen, über die ich nachgedacht habe.

Was fällt Ihnen an Ihren Antworten auf? Achten Sie besonders darauf, wie sie sich unterscheiden, zum Beispiel: »Ich war vorher nervös, aber hinterher stellte ich fest, dass ich es genossen habe – und meine Finanzen sind im grünen Bereich!«

Vorher	Nachher

GESTALTEN SIE IHR REICHES LEBEN

SCHLUSSGEDANKEN

Gute Arbeit! Indem Sie diesen Abschnitt durchgearbeitet haben, schufen Sie eine Blaupause für Ihr reiches Leben. Jetzt ist die Frage: *Wie komme ich von hier nach da?*

Es ist das Eine, eine Reihe von Fragen darüber zu beantworten, was Sie eines Tages tun wollen – es ist etwas ganz anderes, das auch zu erreichen. Ohne Plan wirken diese Antworten wie reine Fantasievorstellungen. Sicher, Sie können sich noch einmal die Skizze Ihres Traumhauses auf Seite 16 ansehen, aber wie werden Sie dieses jemals erhalten? Ich habe mir zum Ziel gesetzt, Ihnen zu zeigen, wie Sie von der Vision zur Realität gelangen.

Zuerst will ich einen Satz zitieren, den meine Eltern zu mir sagten, als ich aufwuchs: »In einem Jahr wirst du ein Jahr älter sein, was wirst du tun?« Mit anderen Worten, die Zeit vergeht, egal, was wir tun. Also sollten Sie vielleicht die ersten kleinen Schritte jetzt tun!

Zweitens will ich, dass Sie sich noch einmal ansehen, wie Sie Ihren perfekten Tag auf den Seiten 14 und 15 beschrieben haben. Können Sie irgendwie einen moderaten Betrag ausgeben, um sich einen Teil Ihres perfekten Tages zu »kaufen«? Wenn Sie zum Beispiel gutes Essen lieben, aber Einkaufen hassen, könnten Sie dann dafür bezahlen, Ihre Einkäufe liefern zu lassen?

Gehen wir einen Schritt weiter. Betrachten Sie den bedeutungsvollsten Teil Ihrer Antworten – den Teil, der Sie sofort in Begeisterung versetzt – und denken Sie darüber nach, wie Sie einen »Vorgeschmack« davon im nächsten halben Jahr erhalten könnten. Zum Beispiel: Wenn Sie aufgeschrieben haben, dass Sie an Ihrem perfekten Tag gerne aufwachen, eine Stunde mit dem Hund spazieren gehen und dann Ihr Frühstück in einem Café einnehmen wollen, dann tun Sie es! Nehmen Sie sich einen Tag frei und probieren Sie es aus. Oder nehmen Sie besser zwei Tage frei. Der erste Tag wird sich noch neu und ungewohnt anfühlen, aber der zweite Tag wird Ihnen zeigen, ob es Ihnen auch *tatsächlich* gefällt (oder ob Ihnen nur die *Vorstellung* davon gefiel).

Was ist, wenn Sie keine zwei Tage freinehmen können? An dieser Stelle müssen Sie kreativ werden. Beim Beispiel, mit dem Hund spazieren zu gehen, könnten Sie eine Möglichkeit finden, Arbeit zu verschieben. Wenn es

Ihr Traum ist, in den Bergen zu leben – Sie aber im Moment nicht einfach ein Haus dort kaufen können –, mieten Sie eines über Airbnb und probieren Sie es aus. Sehen Sie es als eine Art Probelauf – wenn Sie keine Woche freinehmen können, machen Sie einen kürzeren Ausflug. Ich bin mir sicher, es wird Ihnen in den nächsten zwölf Monaten eine Lösung einfallen.

Jetzt, wo Sie also von Ihrem reichen Leben gekostet haben, hat es Sie wirklich glücklich gemacht? Wenn nicht, ist das auch in Ordnung. Erfahren Sie es besser jetzt und verfeinern Sie Ihre Vision – es ist kein Grund, entmutigt zu sein. Genau wie in der Malerei brauchen Sie eine Menge Pinselstriche, um den Entwurf für Ihr reiches Leben richtig hinzubekommen.

Wenn Ihnen gefällt, was Sie erlebt haben, gibt Ihnen das eine wunderbare Vorschau auf das, was Sie erschaffen wollen.

2

ÄNDERN SIE IHRE GLAUBENSSÄTZE ÜBER GELD

Wenn Sie plötzlich 10 Millionen Dollar gewännen, wüssten Sie, was Sie damit anfangen sollen? Wüssten Sie, wie man Geld ausgibt oder spart? Wie man seine Trinkgeldgewohnheiten verändert? Wie man seine Reisegewohnheiten ändert, Geld spendet und knifflige Familiensituationen umschifft, bei denen es um Geld geht?

Natürlich nicht.

Ein Grund, wieso Sie nicht mal wissen würden, wo Sie anfangen sollen, besteht darin, dass Ihnen vermutlich die technischen Fertigkeiten fehlen, Reichtum in diesem Maß zu managen, inklusive so komplexer Dinge wie Stiftungen, CDARS (A. d. Ü.: Finanzdienstleister, der große Vermögen auf mehrere Banken verteilt), und das richtige Finanzteam zusammenzustellen. (Keine Sorge: Wenn es an der Zeit ist, kann ich es Ihnen erklären.)

Aber, es gibt einen noch fundamentaleren Grund, der Sie aufhält: Ihre Glaubenssätze in Bezug auf Geld. Geldglaubenssätze beschreiben, welche Einstellung Sie zu Geld haben. Dazu gehört, wie Sie aufgewachsen sind und mit wem Sie sich umgeben sowie Ihr »mentales Modell« dessen, was Geld für Sie bewirken kann. Kurz gesagt, wenn ich Ihnen die Frage stellen würde, was Geld, in einem Satz gesagt, für Sie bedeutet, was würden Sie sagen? Ob Sie mit Begriffen wie »Wachstum«, »Sicherheit« oder »man kann nie genug davon haben« geantwortet haben, so handelt es sich dabei um Ihre Glaubenssätze über Geld.

Ihre Glaubenssätze über Geld beeinflussen außerdem, wie Sie die Welt sehen. Glauben Sie, dass man immer noch mehr Geld verdienen kann oder dass Geldmachen ein Nullsummenspiel ist? Egal, welche Option Sie wählen, dieser Glaube wird Ihre Einstellung und Ihr Verhalten gegenüber Geld zutiefst beeinflussen.

Das Knifflige an den Geldglaubenssätzen ist, dass sie nicht immer offensichtlich sind. Einige sind sofort sichtbar (»Ich habe Angst, dass das Geld nicht reicht«), andere sind subtiler (»Man hat mir beigebracht, wenn man damit Geld verdienen will, muss es schwierig sein.«). Und viele dieser Glaubenssätze sind völlig unsichtbar für uns, denn sie können nicht quantifiziert werden und tauchen in keiner Tabellenkalkulation auf. Es ist wie die alte Geschichte über den Fisch, der nicht weiß, dass er im Wasser schwimmt.

Unsere Geldglaubenssätze sind unheimlich einflussreich. Wenn Sie sich in dem Raum umsehen, in dem Sie im Moment sitzen, und die Kleidung betrachten, die Sie tragen – wirklich, tun Sie das einmal! –, ist es wahrscheinlich, dass Ihre Glaubenssätze über Geld darauf Einfluss nahmen, was Sie sehen. Vielleicht ist es das Hemd, das Sie tragen (»Es ist dämlich, Dinge zum vollen Preis zu kaufen.«), oder das Wohnzimmer, in dem Sie sitzen (»Ich habe ein Haus gekauft, weil ich nicht die Hypothek des Vermieters bezahlen will.«).

Während Ihr Gesamtvermögen wächst, ist es wichtig, dass Ihre Geldglaubenssätze sich ebenfalls ändern. Meiner Erfahrung nach wird es relativ einfach, Ihr Gesamtvermögen zu vermehren, sobald Sie verstanden haben, wie Geld wirklich funktioniert – vor allem die Macht der Zinseszinsen. Ich sage immer: »Es ist keine Zauberei. Es ist Mathematik.« Aber die Glaubenssätze über Geld lassen sich nur sehr, sehr schwer ändern – wie bei einigen der Multimillionäre, die ich kenne und die sich *immer* noch Sorgen ums Geld machen.

Werfen wir einmal einen genaueren Blick auf Ihre Geldglaubenssätze. Um den Anfang zu machen – welche Geschichten über Geld hat man Ihnen erzählt?

» Dass es eine großartige Investition ist, ein Haus zu kaufen?

» Dass Investieren wie Glücksspiel ist?

» Dass man jemanden ausbeuten muss, um reich zu werden?

Ich nenne einige dieser Glaubenssätze »unsichtbare Skripts«: Diese Glaubenssätze sind so tief verankert, dass wir nicht einmal merken, wie sie unsere Meinung, Einstellung und unser Verhalten beeinflussen.

Einer meiner Lieblinge unter diesen Skripten ist die Behauptung, dass man ein Haus besitzen »muss«. Ich lebe seit zehn Jahren zur Miete in einem Apartment in New York City. Zu mieten war für mich eine exzellente finanzielle Entscheidung, denn es gab mir weit mehr Flexibilität und Freiheit, als eine Immobilie zu besitzen. Nachdem ich es durchgerechnet habe, miete ich sogar aus freier Entscheidung. Aber wenn Sie, als Sie aufwuchsen, immer wieder gehört haben, »Immobilien sind die beste Investition«, dann ist es fast unvorstellbar, den Hausbesitz infrage zu stellen.

Der erste Schritt ist zu erkennen, dass diese unsichtbaren Skripte in jedem von uns stecken. Und sobald wir sie identifizieren, können wir entscheiden, wie und in welchem Umfang wir ihnen gestatten, unseren Standpunkt und unsere Entscheidungen zu beeinflussen.

Ich glaube, eines der seltensten Dinge auf dieser Erde ist es, einen fundierten Standpunkt in Bezug auf das eigene Geld zu haben. Sie *müssen* kein Haus kaufen – Sie können einfach fröhlich mieten. Sie *müssen* kein Entrepreneur sein, um reich zu werden – Sie können einen festen »8-bis-17-Uhr«-Job haben, den Sie lieben. Und nicht jeder Kauf, den Sie tätigen, *muss* einen positiven »Return on Investment« bieten – Sie können auch etwas kaufen, einfach, weil Sie es besitzen wollen!

Mein Traum für Sie ist es, dass Sie eine bewusste Vorstellung davon haben, wie Ihr Leben aussehen soll, und dann Ihr Geld nutzen, um dieses zu leben. In diesem Abschnitt werden Sie einen genaueren Blick auf die Geldglaubenssätze werfen, die Sie vielleicht zurückhalten – und wie Sie diese überwinden und mit großen Schritten auf Ihr reiches Leben zuschreiten.

WORTASSOZIATION

Welches Wort kommt Ihnen in den Sinn, wenn Sie an Geld denken? (Als ich diese Frage zusammen mit meiner Frau beantwortete, unterschieden sich unsere Antworten völlig! Ihr Wort war »Sicherheit«, meines war »Wachstum«.)

Im Folgenden eine Liste einiger geläufiger Glaubenssätze in Bezug auf Geld. Kreuzen Sie diejenigen an, die Sie schon einmal gehört haben.

- ☐ Geld wächst nicht auf Bäumen.
- ☐ Geld ist die Wurzel allen Übels.
- ☐ Geld verändert Menschen.
- ☐ Kaufe keine unnötigen Dinge – wie einen Latte macchiato.
- ☐ Eine Steuerrückzahlung zu erhalten ist Geldverschwendung.
- ☐ Mehr Geld, mehr Probleme.
- ☐ Ich werde genug Geld haben, wenn ich [ein bestimmtes finanzielles Ziel] erreiche.
- ☐ Mehr verdienen kann ich immer.
- ☐ Studentenkredite sind schlecht.
- ☐ Der Aktienmarkt ist wie Roulette spielen.
- ☐ Wenn ich härter arbeite, werde ich belohnt.
- ☐ Ich verschwende mein Geld für Miete.
- ☐ Bei dieser Wirtschaftslage kann ich nicht über mein Gehalt verhandeln.
- ☐ Die meisten Menschen, die ein Unternehmen gründen, scheitern, also braucht man sich nicht die Mühe machen.
- ☐ Menschen wie du und ich geben für *so etwas* kein Geld aus.
- ☐ Wenn man seinen Kindern Geld hinterlässt, verdirbt man sie.

Als Sie aufwuchsen, welche Botschaften über Geld haben Sie da von Ihrer Familie gehört?

» Worüber machen Sie sich Sorgen, wenn es um Geld geht? Werden Sie zum Beispiel nervös, weil Sie glauben, Sie haben nicht genug? Machen Sie sich Sorgen, was andere denken könnten, wenn Sie ein neues Auto kaufen? Oder machen Sie sich einfach nur Sorgen darüber, dass Sie nur ein »durchschnittliches« Leben leben werden und nie ein wirklich reiches Leben?

Denken Sie über Folgendes nach:

» »Wie gut situiert bin ich?«

» »Ist es zu spät?«

» »Kann ich mir das leisten?«

Nutzen Sie die Technik der »Fünf Warums«, um die Wurzeln Ihrer Geldglaubenssätze freizulegen

Toyota war Pionier bei der Technik der »Fünf Warums«, als es darum ging, das eigene Produktionssystem zu verändern. Wenn etwas falsch lief, wie ein Defekt in einer Stoßstange, fragten sie »Warum?«, und das immer und immer wieder, um zur Wurzel des Problems vorzudringen, die nicht immer offensichtlich war. Wir können dieselbe Technik nutzen, wenn Sie wegen Ihrer Finanzen frustriert sind. Warum?

1. »Ich habe jedes Mal, wenn ich Geld ausgebe, ein schlechtes Gefühl.« Warum?

2. »Weil ich Schuldgefühle beim Geldausgeben habe, weiß ich, dass ich mehr sparen sollte.« Warum?

3. »Weil ich nicht glaube, dass ich genug Geld habe, um mich sicher zu fühlen.« Warum?

4. »Weil ... ich vermutlich nicht weiß, was ›genug‹ oder ›sicher‹ bedeutet. Ich habe es nie definiert. Vielleicht ist es nicht einmal eine Zahl.« Warum?

5. »Weil ich, als ich aufwuchs, gesehen habe, wie meine Eltern sich abmühten.« Warum? Die ursprüngliche Ursache: »Es gab nie genug – *und ich will niemals so enden wie sie.*«

Ich habe mit Tausenden von Menschen gesprochen, die glauben, dass eine bestimmte Zahl dafür sorgen wird, dass sie sich sicher fühlen, aber wenn wir diese Übung machen, stellen Sie fest, dass keine bestimmte Zahl Ihre Gefühle verändern wird – *weil Ihre Glaubenssätze über Geld sich nicht tatsächlich um eine Zahl drehen.* Es ist ein Gefühl. Sobald Sie die grundlegende Ursache der eigenen Frustration ermittelt haben, besitzen Sie eine deutlichere Vorstellung, wie man sie berichtigt.

DIE DUNKLE SEITE DES GELDES

Denken Sie an die geizigste Person in Ihrem Leben. Wie fühlen Sie sich, wenn Sie sehen, wie diese Person ihr Geld ausgibt? Schreiben Sie fünf Wörter auf, um die Beziehung dieser Person zu Geld zu beschreiben.

1 ______________________

2 ______________________

3 ______________________

4 ______________________

5 ______________________

Okay, ich liebe einfach Geschichten über geizige Menschen, also muss ich noch einen Moment bei diesem Thema verbleiben. Schreiben Sie Ihr schlimmstes Erlebnis mit einer geizigen Person auf. E-Mailen Sie es mir dann unter ramit.sethi@iwillteachyoutoberich.com, Betreff: Geschichte über einen Geizkragen. Die besten Storys werde ich in meinem Newsletter erwähnen.

» Stellen Sie sich vor, Sie beobachten sich selbst auf dem Sterbebett. Sie sind Multimillionär, aber Sie haben nie das Geld für die Dinge ausgegeben, für die Sie es ausgeben wollten, und nun ist es zu spät. Was würden Sie zu sich selbst sagen?

____

____

____

____

____

Listen Sie einige der toxischen Glaubenssätze über Geld auf, die Sie früher gehegt haben. Wenn Ihnen nichts einfällt, stellen Sie sich vor, Sie würden folgenden Satz vervollständigen: »Ich habe früher über Geld geglaubt, dass ________________, aber jetzt ist mir klar, ich täuschte mich.«

1 ____

____

2 ____

____

3 ____

____

Denken Sie über die Menschen nach, die Sie für Ihre Geldentscheidungen verurteilen. Wieso hören Sie auf diese Leute?

»Sobald
wir unsere
Vergangenheit
verstehen,
können wir
unsere Zukunft
gestalten.«

Wenn Sie sich nie wieder über Geld Sorgen machen müssten, was wäre das Erste, das Sie an Ihrem Verhalten ändern würden? Warum?

Wofür geben Sie Geld aus und fühlen sich deswegen schuldig? Warum?

Welche der folgenden Dinge sind für Sie wichtig? (Kreuzen Sie alle an, die auf Sie zutreffen.)

- ☐ Einen Monat oder länger im Jahr verreisen.
- ☐ Ein sechsstelliges Gehalt verdienen.
- ☐ Ein Haus kaufen.
- ☐ Der eigenen Leidenschaft nachgehen.
- ☐ Den eigenen Kindern mehr geben, als Sie selbst hatten.

» Haben Sie einen konkreten Plan in Bezug auf die Dinge, die Sie angekreuzt haben? Wenn nicht, könnte es daran liegen, dass es tatsächlich nicht so wichtig für Sie ist?

___

___

___

Wie werden die meisten Menschen reich?

Wenn Sie all den Experten über Entrepreneurship und ihrer »Abzocke« in den sozialen Medien glauben, kann man leicht auf den Gedanken verfallen, dass man nur reich werden kann, wenn man ein eigenes Unternehmen gründet.

Aber wissen Sie was? Ein normaler Beruf, bei dem man von acht bis fünf arbeitet, ist genau das, womit die meisten reichen Menschen ihr Vermögen aufgebaut haben. Und das sage ich als jemand, der Leuten hilft, Unternehmen zu gründen! Aber, ich habe versprochen, Ihnen die Wahrheit zu sagen.

Es erfreut sich einer gewissen Beliebtheit, normale Vollzeitjobs zu stigmatisieren und zu behaupten, richtig viel Geld ließe sich nur verdienen durch den Besitz eines Unternehmens, indem man die richtigen Aktien auswählt oder einfach reich geboren ist. Aber es ist absolut okay, einen tollen Job zu haben, diesen zu lieben und anhaltend zu investieren.

Sobald Sie erkannt haben, dass die Idee, »nur Entrepreneure sind wirklich erfolgreich«, eine Lüge ist, welche anderen Glaubenssätze können Sie dann noch umkrempeln?

Gibt es etwas, das Sie gerne mit Ihrem Geld machen würden, aber in den letzten drei Jahren nicht getan haben?

» Was wäre erforderlich, um das zu ändern?

Wenn Sie vor etwas Angst haben, das die Leute über Ihre Finanzen erfahren könnten, was wäre das genau?

Denken Sie über einen weiteren Geldglaubenssatz nach, dem Sie anhängen. Welche Story über Geld haben Sie sich heute selbst erzählt? (Zum Beispiel: »Ich kann einfach nicht mit Geld umgehen.«) Wie glauben Sie, haben Sie diesen Glaubenssatz entwickelt?

» Auf welche Art könnten Sie diese Story umschreiben? (Zum Beispiel: »Ich habe noch nicht gelernt, wie man sein Geld managt, aber jetzt ist es für mich eine Priorität und ich weiß, dass ich es schaffen kann.«) Was könnte sich verändern, wenn Sie sich diese Story zu eigen machen?

Denken Sie über etwas nach, für das Sie aktuell bereitwillig Geld ausgeben und für das Sie vor zehn Jahren noch keines ausgegeben hätten. Notieren Sie nun in Stichpunkten drei Dinge, für die Sie in zehn Jahren vielleicht Geld ausgeben, auch wenn Sie es heute noch nicht tun.

1 ______________________________

____

2 ______________________________

____

3 ______________________________

____

Ein Haus zu kaufen, ist nicht immer eine gute Investition

Sie haben vermutlich schon häufig übliche Sätze gehört wie: »Du schmeißt dein Geld für Miete zum Fenster hinaus!« oder »Bezahle nicht die Hypothek deines Vermieters!«. Aber ein Haus zu kaufen, ist nicht immer eine gute finanzielle Entscheidung. Der Immobilienbesitz hat extrem hohe »Phantomkosten«, inklusive Gebühren für den Vertragsabschluss, Grundsteuer, Erhaltungskosten und Zinsen. In vielen Fällen würden Sie mehr Ertrag erzielen, wenn Sie mieten und den Differenzbetrag investieren. (Genau das tue ich selbst. Ich miete, weil ich es mir ausgesucht habe, und ich investiere, wodurch ich flexibler bin und keine Erhaltungskosten habe. Ich habe ja schon darauf hingewiesen, dass ich nicht gerne in den Baumarkt gehe.)

Natürlich sollten Sie es immer durchrechnen und dann entscheiden, was für Sie am besten ist. Und denken Sie daran: Bei einer großen finanziellen Entscheidung geht es nicht immer nur um die reinen Zahlen. Es kann absolut im Rahmen sein, eine Entscheidung aufgrund von Status, Sicherheit, Komfort oder einfach nur deswegen zu treffen, weil man es so will.

»Der beste Vorhersage-
faktor für künftiges Ver-
halten ist gegenwärtiges
Verhalten.
Um Ihre Zukunft zu
ändern, übernehmen
Sie die Kontrolle über
das, was Sie heute tun.«

Stellen Sie sich vor, Sie finden heraus, dass ein Freund von Ihnen gerade 2000 Dollar für einen Mantel ausgegeben hat. Wie sieht Ihre erste Reaktion darauf aus? Wieso denken Sie, dass Sie so reagieren sollten?

» Welche Ausgaben anderer Leute sehen Sie kritisch? Dazu könnte gehören, in einem bestimmten Haus zu wohnen, eine Haushaltshilfe zu engagieren oder an einen bestimmten Ort zu reisen. Betrachten Sie das nun aus der Perspektive des anderen und stellen Sie sich die Frage: »Wieso ist es das wert?« (Eine Ausnahme sind Crocs – für die sollte niemand jemals Geld ausgeben.)

Beschreiben Sie Ihr finanzielles Albtraumszenario. Was ist das Schlimmste, was Ihnen passieren könnte, wenn es um Geld geht?

____

____

____

____

____

____

____

Benutzen Sie die »Was dann«-Technik.

Ich nutze diese simple Technik, wenn mir Menschen von ihren größten finanziellen Ängsten erzählen. Ich frage: »Was dann?« am Ende jeder Antwort, die sie mir geben.

Hier ein paar Beispiele:

»Meine größte finanzielle Angst ist, meinen Job zu verlieren.« Was dann?

»Nun, ich würde meine Miete nicht mehr zahlen können.« Was dann?

»Ich müsste meine Familie um Hilfe bitten oder eine Weile auf Kredit leben.«

In den meisten Fällen hat man in seinem Kopf eine bestimmte Angst aufgebaut und dabei oft katastrophale Vorstellungen entwickelt, was passieren könnte. Natürlich ist ein solches Worst-Case-Szenario eine ernste Sache und beängstigend. Aber wenn man sich tatsächlich mit der Situation konfrontiert sieht, stellt man oft fest, dass sie nicht so schlimm ist, wie man befürchtet hatte. Treiben Sie sich selbst an, indem Sie die Frage stellen: »Was dann?« Ich würde jede Wette eingehen, dass Sie stark genug sind, jede Situation zu überstehen, mit der Sie das Leben konfrontiert.

Wann haben Sie sich das letzte Mal gewünscht, Sie hätten *mehr* für etwas ausgegeben?

______

______

______

______

______

______

Denken Sie über die Beziehung Ihrer Eltern zu Geld nach.

Welche positiven Dinge haben sie Ihnen beigebracht?	**Was sind die negativen Seiten, die Sie ändern können?**

Welche fünf Lektionen über Geld würden Sie Ihren Kindern weitergeben?

1 ______________________________

____

____

2 ______________________________

____

____

3 ______________________________

____

____

4 ______________________________

____

____

5 ______________________________

____

____

» Versuchen Sie, diese Liste der fünf finanziellen Lektionen zu verfeinern. Wenn Ihre Kinder Sie aktuell in Ihrem täglichen Leben beobachten, würden sie dann feststellen, dass Sie diese Lektionen verkörpern?

	Geldlektionen für meine Kinder	Wie ich diese verkörpere
1		
2		
3		
4		
5		

Welche dieser Storys haben Sie sich heute selbst erzählt? Kreuzen Sie alle an, die auf Sie zutreffen, und denken Sie sich dann eigene aus.

- ☐ Ich bin nicht gut in Mathe.
- ☐ Ich habe kein Glück, wenn es um Geld geht.
- ☐ Es ist nicht so schlimm, Schulden zu haben ... zumindest haben andere noch mehr.
- ☐ Ich habe Angst, Geld zu verlieren.
- ☐ Investitionen fühlen sich wie Glücksspiel an.
- ☐ ______________________________
- ☐ ______________________________
- ☐ ______________________________
- ☐ ______________________________
- ☐ ______________________________
- ☐ ______________________________

Die Storys, die wir über uns selbst erzählen

Als ich jünger war, nannte ich mich im Scherz immer einen »dürren Inder«. Wenn ich zurückblicke, wünschte ich, ich hätte keine solche negative Selbstbeschreibung gewählt. Ja, ich war dürr, aber nachdem ich diesen Satz ständig wiederholt hatte, wurde er zu einer selbsterfüllenden Prophezeiung. Ich sagte tatsächlich, »Ich bin dürr und ich kann nichts daran ändern«. Als ich schließlich beschloss, mich zu ändern und regelmäßig Sport zu treiben, dauerte es sehr viel länger, weil ich nicht nur mein Wissen über Ernährung und Fitness erweitern musste – sondern meine gesamte Identität ändern. (Und die eigene Identität ändert man nur sehr schwer.)

Ich wünschte, jemand hätte mir Folgendes gesagt: Das ist nur eine Story, die du dir selbst erzählst. Wenn du diese Story verändern willst, mache den Anfang damit, dass du die Wörter änderst, die du nutzt.

Also, welche Wörter könnten Sie ab heute nutzen, um sich selbst zu ermutigen und nicht herabzusetzen?

Wie hat sich Ihre Identität zwischen zwanzig und Ihrem jetzigen Alter verändert? In welche Richtung sollte sie sich Ihrer Meinung nach in den nächsten zehn Jahren ändern?

____

____

____

____

____

____

____

____

____

FÜLLEN SIE DIE LEERSTELLE

Wenn ich an Geld denke, fühle ich mich ____________________

____.

Von jetzt an will ich mich ____________________

____ fühlen.

Um mich so zu fühlen, besteht der erste Schritt, den ich diese Woche unternehmen kann, darin, dass ____________________

____.

ÄNDERN SIE IHRE GLAUBENSSÄTZE ÜBER GELD
SCHLUSSGEDANKEN

Seine Glaubenssätze über Geld zu ändern ist schwer – sehr schwer –, denn es erfordert, dass man einen ungeschönten Blick auf sich selbst wirft, auf die Einstellung, die man Geld gegenüber hat, und oft auch darauf, wie man aufgewachsen ist und erzogen wurde. Es ist viel einfacher, diese Einflüsse einfach zu ignorieren! Manchmal tun wir so, als würden sie gar nicht existieren. Zu anderen Gelegenheiten sagen wir uns selbst, dass wir rational und logisch sind und völlig die Kontrolle über unsere eigenen Entscheidungen haben – aber die Wahrheit ist komplizierter.

Zu einem reichen Leben gehört dazu, dass man zu sich selbst und zu den Menschen um sich herum ehrlich ist. Und sobald wir unsere Vergangenheit verstehen, können wir unsere Zukunft gestalten. Unsere Geldglaubenssätze zu verstehen und letztlich zu ändern, kann sich befreiend anfühlen – als würde man die Welt durch eine ganz neue Linse sehen.

Betrachten Sie noch einmal die allgemein verbreiteten Glaubenssätze über Geld, die Sie auf Seite 38 angekreuzt haben. Welche zugrunde liegenden Muster stellen Sie fest?

Vielleicht fällt Ihnen ein Muster auf – nämlich, »auf defensiv zu spielen«: Sich immer Sorgen zu machen, was alles falsch laufen könnte. Ich möchte für Sie gerne erreichen, dass Sie »offensiv spielen«: Dafür planen, dass alles richtig läuft. Hier einige persönliche Beispiele, die ich nutze, wenn ich mit meinen Finanzen offensiv spielen will:

1. **Überfluss, nicht Mangel.** Ich weiß, es gibt immer eine Gelegenheit, mehr Geld zu verdienen, ob durch den Beruf, ein Unternehmen oder Investments.
2. **Großzügigkeit.** Ich kann es mir leisten, großzügig zu sein und zum Beispiel viel Trinkgeld zu geben, regelmäßig zu spenden und aggressiv zu investieren.
3. **Geduld.** Es ist nicht zu spät. Ich habe Zeit, um meine Ziele zu erreichen; Zeit, um mein reiches Leben heute und morgen zu leben, und die Zeit, dabei Spaß zu haben.

Während Sie Ihre Glaubenssätze über Geld analysieren und sie nach und nach aus einer neuen Perspektive betrachten – besonders Ihre Antworten auf Seite 39 –, ist es kaum zu vermeiden, nicht das Gefühl zu haben, es sei »zu spät«, diese Dinge zu ändern.

Wir können das Gestern nicht verändern, aber wir können heute mit etwas anfangen. Und wir können zur Kenntnis nehmen, wie die Erwartungen anderer uns beeinflussen, während wir gleichzeitig Verantwortung für unsere eigenen Handlungen übernehmen. (Genau das tun Sie bereits, indem Sie dieses Journal verwenden!) Wie können wir sonst noch unsere Geldglaubenssätze ändern?

Zuerst sollten Sie es sich zur Priorität machen, über diese Glaubenssätze nachzudenken. Zu viele Menschen geben der Psychologie des Geldes zu wenig Bedeutung und konzentrieren sich zu sehr auf die Mathematik. In Wahrheit sollten Sie genauso viel Zeit damit verbringen, Ihre Geldglaubenssätze genauer zu betrachten, wie damit, Ihre Investmentkonten einzurichten.

Zweitens sollten Sie einen Plan machen, wie Sie in den nächsten drei Monaten auf bestimmte Situationen reagieren wollen. Das ist wichtig, denn Ihre Geldglaubenssätze zu ändern, geschieht auch in diesem kleineren Maßstab und kurzfristig. Zum Beispiel:

» ***»Werde ich mir diese Urlaubsreise leisten können?«*** Viele Menschen würden leichtfertig sofort reagieren und sagen: »Nein!« Aber, stimmt das wirklich? Haben Sie genau geplant, wofür Ihr Geld ausgegeben werden soll?

» ***»Soll ich diese neue Arbeitsstelle annehmen?«*** Wenn Ihr altes Selbst die Entscheidung aus einer Mentalität des Mangels angeht (»Diesen Job könnte ich nie machen.«), wie würde es aussehen, wenn man die gleiche Entscheidung von einer Haltung des Überflusses aus angehen würde? (»Dieser Job würde mein Leben verändern. Ich mache es.«)

» ***»Was will ich heute Abend essen?«*** In der Vergangenheit haben Sie vielleicht gewartet, bis Sie zu müde waren, um über das Abendessen nachzudenken und dann ungesundes und teures Essen bestellt. Was, wenn Sie stattdessen Priorität darauf legen würden vorauszuplanen? Wie etwa: »Gutes Essen erhält meine Produktivität und ich fühle mich besser, also werde ich jeden Sonntag eine Stunde damit verbringen, die Mahlzeiten für die nächste Woche zu planen.«)

Wie bei jeder neuen Angewohnheit wird es einige Zeit dauern, Ihre Geldglaubenssätze zu ändern. Und sobald es Ihnen vertrauter wird, die Prinzipien in diesem Abschnitt anzuwenden – Ihre Storys über Geld zu ändern; offensiv zu spielen und nicht defensiv –, werden Sie auf natürliche Weise diese finanziellen Entscheidungen auf ganz neue Weise angehen.

Beginnen Sie noch heute und machen Sie ein Vier-Wochen-Projekt daraus. Wählen Sie jede Woche eine Antwort aus Ihrer Liste von Geld-Storys auf Seite 55 und arbeiten Sie daran, Ihr Skript zu verändern.

GELD-STORY, DIE GEÄNDERT WERDEN SOLL

Woche 1	
Woche 2	
Woche 3	
Woche 4	

3

NEUE REGELN FÜR IHRE FINANZEN

Jetzt, wo wir damit begonnen haben, Ihre Geldglaubenssätze zu verändern, sollten wir proaktiv werden und Ihre neuen Geldregeln kreieren. Das ist eine unterhaltsame, taktische Übung. Sie werden das, was Ihnen wichtig ist, zu einigen wenigen, leicht anzuwendenden Regeln zusammenfassen. Diese Regeln werden Ihnen helfen, sich durch die Tausenden von finanziellen Entscheidungen zu manövrieren, die Sie jedes Jahr treffen. Sehen wir uns zuerst einmal meine eigenen an.

Ramits 10 Geldregeln

1. Immer einen Notgroschen in Höhe eines Jahresgehalts in liquiden Mitteln vorhalten.
2. Spare 10 Prozent und investiere 20 Prozent des Jahreseinkommens.
3. Sei in der Lage, große Ausgaben auf einmal bezahlen zu können (Hochzeit, Traumreise, Haus), bevor du irgendetwas dafür ausgibst.
4. Stelle niemals infrage, Geld für Bücher, Vorspeisen, Gesundheit oder den Wohlfahrt-Fundraiser eines Freundes auszugeben.
5. Bei Flugreisen über vier Stunden Dauer, immer Businessclass buchen.
6. Kaufe das Beste und behalte es so lange wie möglich.
7. Ausgaben für Gesundheit und Bildung sollten kein Limit haben.
8. Genug verdienen, damit ich mir erlauben kann, nur mit Menschen zu arbeiten, die ich respektiere und mag.
9. Zeit priorisieren, die nichts mit der Arbeit zu tun hat.
10. Die richtige Person heiraten.

Ich teile Ihnen hier diese Geldregeln mit, damit Sie sehen, was ich liebe und wertschätze. Was haben Sie dabei empfunden? Welchen stimmen Sie zu und welchen widersprechen Sie?

Bedenken Sie Folgendes:

» **Das sind *meine* Geldregeln, nicht Ihre und nicht die von jemand anderem.** Ihre Geldregeln sollten eine authentische Reflexion Ihrer eigenen Glaubenssätze und Werte sein. Tatsächlich werden Ihre Geldregeln, je spezifischer und einzigartiger sie für Sie sind, umso lächerlicher – und sogar verwirrend – für andere wirken. Das sollten sie auch! (Denken Sie daran: Machen Sie sich keine Sorgen darüber, was andere über Ihre Regeln denken – es sind *Ihre.*)

» **Wenn Sie eine Geldregel sehen, die Ihnen gefällt, passen Sie diese an Ihre Situation an.** Sie sind vielleicht nicht in der Lage, eine große Hochzeit zu bezahlen oder ein Haus auf einmal zu finanzieren. Ist das ein Privileg? Ja! Ich teile hier meine Regeln mit, damit Sie genau sehen können, wie ich über Geld denke und was mir wichtig ist, und wenn Ihnen eine davon gefällt, passen Sie diese ruhig für sich selbst an. Als ich mehr über Finanzen lernte, wünschte ich mir, ich könnte genau herausfinden, wie andere Menschen ihr Geld ausgeben.

» **Ihre Regeln werden sich mit der Zeit weiterentwickeln.** Heute sind Sie vielleicht nicht in der Lage, Businessclass zu fliegen. Aber wenn sich das in der Zukunft ändert, können Sie Ihre Regeln immer noch anpassen. Wenn ich mir meine eigene Liste ansehe, kann ich Ihnen sagen, dass sie am Anfang nicht so aussah. Als ich Anfang 20 war, bestand mein reiches Leben darin, an einem heißen Tag in New York City in ein Taxi zu hüpfen – wir reden hier von 10 Dollar! Das ist ein perfektes Beispiel für eine Geldregel, denn sie war nur für mich wichtig. Suchen Sie Regeln aus, die heute für Sie von Bedeutung sind, und Ihnen sollte bewusst sein, dass Sie diese Regeln mit der Zeit ändern können – und werden.

» **Geldregeln sollten einfach genug sein, um Ihnen zu helfen, wichtige Entscheidungen über Ihr Geld zu treffen.** Sehen wir uns einmal ein Beispiel an: Sie besuchen Ihre Familie und überlegen, ob Sie am Samstag oder Sonntag nach Hause fliegen sollen, aber einen weiteren Tag zu bleiben, wird Sie 150 Dollar kosten. Wie entscheiden Sie sich? Sie könnten die Kosten abwägen, die Zeit oder beliebige andere Faktoren. Aber wenn eine Ihrer Geldregeln lautet: »Beziehungen stehen ganz oben«, dann ist die Entscheidung offensichtlich: Sie geben die 150 Dollar aus, um einen weiteren Tag zu bleiben. (Es gibt eine Menge Optionen, um diese 150 Dollar zu verdienen: Sie können einen weniger wichtigen Bereich Ihres Lebens finden, in dem Sie sich einschränken; Sie können mehr verdienen oder Sie können proaktiv für solche Situationen sparen – oder alle diese drei Optionen zum Einsatz bringen!) Das ist das Schöne an Geldregeln. Sie gestatten es Ihnen, die vielen Situationen zu analysieren, auf die Sie treffen, und sie geben Ihnen klare Richtlinien an die Hand, die *Sie selbst geschaffen* haben, um Ihre Ausgaben einfacher und bedeutungsvoller zu machen.

Ich liebe diesen Teil, denn Sie werden damit ein Fundament für ein reiches Leben schaffen, das perfekt auf Sie zugeschnitten ist. Es gibt einen Grund, wieso die meisten Ratschläge für persönliche Finanzen immer gleich sind. Die Welt will, dass Sie Durchschnitt bleiben. Andere werden Sie immer dahin drängen, genauso auszusehen und sich zu verhalten wie alle anderen. Es liegt an Ihnen, diesem Druck zu widerstehen.

Während Sie die nächste Reihe von Fragen beantworten, werden Sie langsam sehen, wie Sie Ihr Geld und Ihre Zeit mit dem auf eine Linie bringen, was Ihnen wirklich wichtig ist. Und am Ende dieses Abschnitts werden Sie über eine eigene Liste mit Geldregeln verfügen – Ihre persönliche Vision, wenn es um Geld geht. Fangen wir an!

Setzen Sie bereits irgendwelche meiner Geldregeln um? Wenn ja, wieso?

» Welchen meiner Geldregeln würden Sie völlig widersprechen? Wieso? (Ich will, dass Sie es als Übung ansehen, meine Geldregeln zu kritisieren, um einen fundierten Standpunkt in Bezug auf *Ihre eigenen* Geldregeln zu entwickeln.)

Wählen Sie aus den Geldregeln meiner Liste auf Seite 61 Ihre Lieblingsregel oder diejenige, die Sie am meisten fasziniert, und beschreiben Sie, wie Sie diese in Ihrem Leben umsetzen würden. Wie würde sich Ihr Leben ändern? (Machen Sie sich keine Sorgen darum, ob Sie es sich leisten können. Fürs Erste sollten Sie einfach der Vorstellung folgen, dass Sie jede Regel auswählen können, die Ihnen gefällt.)

Beginnen wir damit, Ihre eigenen Geldregeln aufzustellen. Was ist für Sie unverhandelbar, wenn es um Geld geht? Zum Beispiel: »Wenn ich ein Buch sehe, das interessant wirkt, dann kaufe ich es – ohne zu zögern« oder »Ich kaufe mir jedes Jahr ein neues Smartphone« oder »Ich denke nicht über den Preis nach, wenn es um meine Gesundheit geht.«

Kreuzen Sie unter den folgenden Kategorien diejenigen an, bei denen es Ihnen am WICHTIGSTEN ist, dafür Geld auszugeben. Erklären Sie warum.

- ☐ Persönliche Weiterentwicklung
- ☐ Essen
- ☐ Beziehungen
- ☐ Gesundheit und Fitness
- ☐ Erlebnisse
- ☐ Großzügigkeit
- ☐ Luxus
- ☐ Karriere

____

____

____

____

____

Setzen Sie bei den folgenden Punkten, für die man Geld ausgeben kann, ein Häkchen, die Ihnen am WENIGSTEN wichtig sind. Erklären Sie warum.

- ☐ Persönliche Weiterentwicklung
- ☐ Essen
- ☐ Beziehungen
- ☐ Gesundheit und Fitness
- ☐ Erlebnisse
- ☐ Großzügigkeit
- ☐ Luxus
- ☐ Karriere

____

____

____

____

____

Stellen Sie sich vor, folgende Regeln zu übernehmen: *Stelle niemals infrage, Geld für Bücher, Vorspeisen, Gesundheit oder den Wohlfahrt-Fundraiser eines Freundes auszugeben.* Wenn das Ihre Regel wäre, wie würde sich dadurch Ihre Art, Geld auszugeben, in den nächsten drei Monaten ändern?

____

____

____

____

____

____

____

____

Wie wichtig Einfachheit bei den persönlichen Finanzen ist

In Einfachheit liegt Schönheit. Hier eine wirklich einfache Übersicht über die finanziellen Aspekte in Ihrem Leben, wenn Sie das System anwenden, das ich Ihnen in *Ich zeige dir, wie du reich wirst* erkläre:

» zwei Kreditkarten,

» ein Girokonto und ein Sparkonto,

» einfache Investments wie TDFs (target date funds) in Rentenfonds und, wenn zutreffend, steuerpflichtige Einlagekonten.

» Suchen Sie sich ein oder zwei Bereiche aus, für die Sie weniger ausgeben wollen.

» Wählen Sie ein oder zwei Bereiche, bei denen Sie die Ausgaben erhöhen.

Und dann legen Sie los und leben Ihr reiches Leben.

NUTZEN SIE GELDREGELN, UM DEN TAG IHRER TRÄUME ZU PLANEN

Beginnen wir damit, Ihre Geldregeln zum Leben zu erwecken. Wählen Sie eine von Seite 66 und stellen Sie sich vor, Sie haben kein Limit dafür, wie viel Geld Sie ausgeben können. Wie würden Sie diese Geldregel in Ihren Alltagskalender integrieren?

24 UHR	
1 UHR	
2 UHR	
3 UHR	
4 UHR	
5 UHR	
6 UHR	
7 UHR	
8 UHR	
9 UHR	
10 UHR	

11 UHR	
12 UHR	
13 UHR	
14 UHR	
15 UHR	
16 UHR	
17 UHR	
18 UHR	
19 UHR	
20 UHR	
21 UHR	
22 UHR	
23 UHR	

Stellen Sie sich vor, Sie würden folgende Regel übernehmen: *Bei Flugreisen über vier Stunden Dauer, immer Businessclass buchen.* Achten Sie auf Ihre Reaktion und schreiben Sie Ihre Gedanken dazu auf. Können Sie irgendwelche Geldglaubenssätze in Ihrer Antwort ausmachen?

Gewöhnliche Reaktionen:

- »Was für eine Geldverschwendung. Das würde ich nie tun.«
- »Das würde ich liebend gerne tun … irgendwann einmal.«
- »Darüber habe ich noch nie nachgedacht.«

Erinnern Sie sich daran, als Sie das letzte Mal 1000 Dollar für etwas ausgegeben haben, das Ihnen Vergnügen bereitet hat. Machen Sie das zu Ihrer eigenen Geldregel. Wie würde es aussehen und sich anfühlen, wenn Sie das häufiger und mit Vergnügen täten?

KEINE AUSGABENLIMITS

Ich würde empfehlen, dass eine Ihrer Geldregeln folgendermaßen beginnt: »Kein Ausgabenlimit für ...« Das könnte eine Kleinigkeit sein, wie vorgeschnittenes Gemüse im Supermarkt zu kaufen, oder auch größere Ausmaße haben. Wählen Sie etwas aus, das Sie begeistert! Das wird sicherstellen, dass einige Ihrer Regeln sich auf Überfluss konzentrieren und nicht nur mechanisch aufgestellte finanzielle Regeln sind ... ein wichtiger Schritt, wenn Sie Ihre Vision über Geld neu schreiben wollen, als positive Quelle für Chancen, Möglichkeiten und Abenteuer. Stellen Sie unten eine Regel auf und erklären Sie dann, wieso sie für Ihr Leben wichtig ist.

Versuchen Sie, mehr Dinge durch eine »Geldlinse« zu sehen

Von jungen Jahren an wird uns beigebracht, nicht zu viel auszugeben. Mit der Zeit ist es daher keine Überraschung, dass wir die Welt vor allem durch eine Linse sehen: Kosten. Wenn wir Musiker wären, wäre das, als würden wir eine Note lernen – und zwar tatsächlich nur eine einzige. Welche Verschwendung.

Ihre »Geldlinse« – die Art, wie Sie die Welt in Bezug auf Geld sehen – kann natürlich »Kosten« sein. Aber es gibt so viele andere Geldlinsen, die Sie nutzen könnten, wie:

- ☐ Bequemlichkeit,
- ☐ Wert,
- ☐ Sicherheit,
- ☐ Resultate,
- ☐ Geschwindigkeit,
- ☐ Status,
- ☐ Freude,
- ☐ Erlebnis,
- ☐ Verlangen.

Ich will Ihnen ein paar Beispiele nennen. Nehmen wir einmal an, Sie landen nach einer langen Reise am Flughafen. Wenn Ihre Geldlinse »Kosten« lautet, dann nehmen Sie vielleicht den Bus nach Hause. Es könnte eineinhalb Stunden dauern und Sie müssen zweimal umsteigen, aber es ist billig. Wenn Ihre Geldlinse »Bequemlichkeit« ist, dann nehmen Sie vielleicht ein Taxi. Wenn sie »Freude« lautet, mieten Sie sich vielleicht einen Luxuswagen.

Oder nehmen wir an, Sie wollen sich mehr mit Fitness beschäftigen. Wenn ihre Geldlinse »Kosten« ist, dann gibt es eine Menge sehr gutes, kostenloses Material auf YouTube. Aber wenn Sie »Geschwindigkeit« priorisieren, werden Sie vielleicht Mitglied in einem Fitnessstudio. Und wenn Sie »Resultate« als wichtiger ansehen, könnten Sie einen persönlichen Trainer engagieren.

Es ist Ihre Entscheidung.

Denken Sie daran, dass diese Regeln sich mit der Zeit verändern könnten und sollten. Als sich meine finanzielle Situation verbesserte und ich mit mehr Bestimmtheit wusste, was mir etwas wert war, ersetzte ich meine Sichtweise auf bestimmte Bereiche meines Lebens mit neuen Geldlinsen.

	Alte Linse	**Neue Linse**
Persönliche Finanzen	*Sparsamkeit*	*Automatisierung, Verdienst, reiches Leben*
Lebensmittel	*Geschmack, Menge*	*Nährwert, Gesundheit*
Reisen	*Kosten, Wert*	*Erlebniswert, Vergnügen, Sicherheit*

Welche dieser Geldlinsen hat Ihre Ausgabeentscheidungen in der Vergangenheit beeinflusst? Kreuzen Sie mindestens eine an und nennen Sie ein paar Beispiele.

- ☐ Bequemlichkeit
- ☐ Resultate
- ☐ Vergnügen
- ☐ Kosten
- ☐ Geschwindigkeit
- ☐ Erlebnis
- ☐ Sicherheit
- ☐ Status
- ☐ Luxus

Welche dieser Geldlinsen würden Sie gerne von jetzt an als Grundlage Ihrer Ausgabeentscheidungen sehen? Kreuzen Sie mindestens eine an und nennen Sie einige Beispiele.

- ☐ Bequemlichkeit
- ☐ Resultate
- ☐ Vergnügen
- ☐ Kosten
- ☐ Geschwindigkeit
- ☐ Erlebnis
- ☐ Sicherheit
- ☐ Status
- ☐ Luxus

Beschreiben Sie das letzte Mal, als Sie Geld für etwas ausgegeben haben und sich keine Gedanken um die Kosten machten.

____

____

____

____

____

____

____

In welchem Bereich sind Sie am konservativsten mit Ihrem Geld? Warum?

____

____

____

____

____

____

FÜLLEN SIE DIE LEERSTELLE

____

____

ist etwas, für das ich heute kein Geld ausgeben würde, aber es könnte sein, dass sich das in der Zukunft ändert.

ARGUMENT/GEGENARGUMENT

_________________________ ist Geldverschwendung, weil

____

____

____

____

Aber, es könnte auch gut sein, dafür Geld auszugeben, weil ____________

____

____

____

____

Einfache Geldregeln: Ein Haus kaufen

Wie Sie wissen, kann man nicht nur durch einen Hauskauf langfristig Vermögen aufbauen. Aber für Millionen von Menschen bleibt es ein wichtiges Ziel. Hier eine Liste von einfachen Geldregeln, wenn Sie darüber nachdenken, ein Haus zu kaufen:

1. 20 Prozent Anzahlung.
2. Planen Sie, mindestens zehn Jahre dort zu wohnen.
3. Die gesamten Kosten für das Haus sollten weniger als 28 Prozent Ihres Bruttogehalts betragen.
4. Rechnen Sie nach und vergleichen Sie es damit, etwas zu mieten oder Geld zu investieren.
5. Fragen Sie sich selbst: Begeistert mich die Idee, eine Immobilie zu kaufen?

Was ist ein Kauf, der überraschenderweise großartig war und den Sie im letzten Jahr getätigt haben? Was hat Sie daran überrascht?

Welche fünf Dinge sind Ihnen einfach völlig egal (zum Beispiel: Biolebensmittel, Luxushotels, »Single-Origin«-Kaffee und so weiter)?

1.

2.

3.

4.

5.

Wie können Sie heute noch großzügiger sein?

Beispiele

- » Kaufen Sie Freunden eine Runde Getränke.
- » Gehen Sie mit Ihrer Familie besonders schick essen.
- » Spenden Sie 100 Dollar für einen guten Zweck, der Ihnen am Herzen liegt.

Mit wem verbringen Sie gerne Zeit und geben gerne Geld aus?

FÜLLEN SIE DIE LEERSTELLE

Ich muss mir keine Sorgen mehr über Geld machen, wenn ____________

____

______________________________.

Tipps, wie Sie Ihre eigenen Geldregeln schreiben können

Ihre Geldregeln sind ein Destillat aus allem, was Sie über Geld denken – was für Sie Wert hat, was nicht, und wie Sie Ihr Leben leben wollen. Da Sie jeden Tag und im Verlauf Ihres Lebens mit Tausenden von Geldentscheidungen konfrontiert werden, erleichtern es diese Regeln zu entscheiden, was Sie tun sollen.

Während Sie Ihre eigenen zehn Geldregeln kreieren, sollten Sie im Hinterkopf behalten, dass es *Ihre* Regeln sind – nicht die von jemand anderem. Sie sollten Ihnen passen wie ein maßgeschneiderter Schuh. Entschuldigen Sie sich nicht für seltsame Regeln. Heißen Sie diese willkommen!

Und denken Sie daran: Ihre Regeln müssen nicht perfekt sein. Sie können sie jederzeit ändern.

Um damit zu beginnen, Ihre eigenen Geldregeln zu erschaffen, stellen Sie sich folgende fünf Fragen:

1. Wofür gebe ich gerne Geld aus?
2. Wenn ich meine Ausgaben vervierfachen würde, wie würde das aussehen und sich anfühlen?
3. Welche Dinge sind mir einfach egal?
4. Welche Grundregeln sind für mich jeden Tag wichtig?
5. Wo kann ich Geld einsetzen, um mein Leben zu verbessern?

Während Sie über die Antworten auf diese Fragen nachdenken, stehen die Chancen gut, dass Ihnen langsam klar wird, dass Sie bereits wissen, wie Ihre Geldregeln aussehen. Vielleicht haben Sie sie einfach nur nie aufgeschrieben.

ERSCHAFFEN SIE IHRE EIGENEN GELDREGELN

Jetzt sind Sie bereit, einen ersten Versuch zu starten und Ihre eigenen zehn Geldregeln aufzuschreiben. Wie lauten sie?

1 ______________________________

____

2 ______________________________

____

3 ______________________________

____

4 ______________________________

____

5 ______________________________

____

6 ______________________________

____

7 ______________________________

____

8 ______________________________

____

9 ______________________________

____

10 ______________________________

____

NEUE REGELN FÜR IHRE FINANZEN

SCHLUSSGEDANKEN

Das erste Mal, wenn Sie Ihre Geldregeln aufschreiben, ist es wirklich schwer – wie sollen Sie Ihre Regeln auf nur zehn begrenzen?! Der erste Entwurf sieht daher bei den meisten unweigerlich etwa folgendermaßen aus:

»Economyclass im Flugzeug!«

»Nur Wasser bestellen, wenn ich auswärts esse!«

»Kein neues Handy kaufen! Behalte das alte!«

Fällt Ihnen auf, dass all diese Regeln sich darauf konzentrieren, was man *nicht* mit Geld tun sollte? Die Psychologie dabei ist faszinierend: Die meisten Menschen bemerken gar nicht, dass ihre Linse auf Geld im Grunde eine der Beschränkung ist. Selbst wenn sie ihre eigenen Geldregeln kreieren, schränken sie sich ein!

Tun Sie das nicht. Diese Art Regeln sind zum Scheitern verurteilt – denn sie sind deprimierend, langweilig und hemmend. Ich betrachte diese Regeln und hasse sie! Geldregeln sollten großzügig, befreiend und aufregend sein. Sie sollten Sie inspirieren, nicht einschränken.

Meine Regeln erlauben mir zum Beispiel, für die Wohlfahrtstiftung eines Freundes zu spenden, ohne es infrage zu stellen. Ich werde inspiriert ... von meiner eigenen Regel! (Einen Moment, ich muss kurz das Schreiben unterbrechen und mir selbst auf die Schulter klopfen.)

Das ist die Art von Selbstvertrauen, die ich mir auch für Sie wünsche. Ich will, dass Sie so tiefgehend über Einstellungen und Verhaltensweisen in Bezug auf Geld nachdenken, dass Sie eine Reihe von schlüssigen und wohldurchdachten Geldregeln kreieren, die in Ihrem Leben eine Richtschnur sind – und ich will, dass Sie diese Regeln *lieben*.

Um für die Dinge, die wir im Leben lieben, extravagant Geld ausgeben können, müssen wir sicherstellen, dass zu unseren Regeln auch Disziplin gehört. Zum Beispiel ist meine erste Regel: »Spare 10 Prozent und investiere 20 Prozent von deinem Bruttojahresverdienst«, was mich daran erinnert, dass langfristige Disziplin wichtig ist.

Im Folgenden eine Strategie, die Ihnen dabei helfen soll: Entwerfen Sie Ihre Regeln mithilfe einer Geldregeltabelle. Ich zeige Ihnen einige von meinen.

	Kurzfristig	**Langfristig**
Sparen	*Spare 10 Prozent des Bruttogehalts*	*Investiere 20 Prozent*
Ausgeben	*Kein Limit bei Ausgaben für Gesundheit und Bildung* *Nie Ausgaben für Bücher, Vorspeisen, Gesundheit oder Spendenaktionen von Freunden infrage stellen*	*In der Lage sein, große Ausgaben auf einmal zu stemmen* *Kaufe das Beste und behalte es so lange wie möglich.*

Ihnen fallen vielleicht einige Dinge auf:

» Ich habe mehr Regeln in der Kategorie Ausgeben als in der Kategorie Sparen. Hätte ich diese Tabelle in meinen frühen Zwanzigern verwendet, hätten mehr Regeln in der Reihe für Sparen gestanden. Mit der Zeit werden sich Ihre Regeln schrittweise ändern, um sich an Ihre Beziehung zu Geld anzupassen.

» Jedes Kästchen sollte mindestens eine Regel enthalten. Das hilft dabei, die allgemeine Neigung zu vermeiden, bis zum »Sankt-Nimmerleins-Tag« zu warten, um sich auf einen Bereich zu konzentrieren (normalerweise die Ausgaben).

» Nicht alle meine Regeln passen in diese Tabelle. Wo sollte ich hinschreiben »Die richtige Person heiraten«? Ich habe keine Ahnung! Es soll nur ein loses Rahmenwerk darstellen und manchmal kann es etwas chaotisch aussehen.

Beginnen wir heute noch mit Ihren Geldregeln – dann können wir in vielen Jahren wieder einen Blick darauf werfen. Fügen Sie unten Ihre aktuellen Regeln ein.

GELDREGELN-TABELLE: HEUTE

	Kurzfristig	Langfristig
Sparen		
Ausgeben		

Bewerten Sie diese nun. Welcher Quadrant ist für Sie am wichtigsten? Dort sollten sich Ihre Regeln konzentrieren. Wenn Sie zum Beispiel gerade erst damit beginnen, sollten Sie sich darauf konzentrieren, vier oder fünf Regeln im Kästchen für kurzfristiges Sparen einzutragen. Wenn Sie dann finanziell erfolgreicher werden, können Sie mehr Regeln in das Kästchen für langfristiges Sparen schreiben und in den Bereich für Ausgaben.

Spulen wir mal im Schnelldurchlauf fünf, zehn oder zwanzig Jahre vor. Was glauben Sie, wird sich verändern? Legen Sie los – schreiben Sie ein paar Regeln in die Tabelle unten, die sich von den anderen unterscheiden.

GELDREGELN-TABELLE: IN 5 JAHREN

	Kurzfristig	Langfristig
Sparen		
Ausgeben		

GELDREGELN-TABELLE: IN 10 JAHREN

	Kurzfristig	Langfristig
Sparen		
Ausgeben		

GELDREGELN-TABELLE: IN 20 JAHREN

	Kurzfristig	Langfristig
Sparen		
Ausgeben		

Das ist prima. Sie sollten deutliche Unterschiede zwischen diesen Tabellen sehen. In dem Maß, in dem Sie mehr finanzielles Selbstvertrauen aufbauen und erfolgreicher werden, ändern sich *natürlich* auch Ihre Regeln. Das sollten Sie auch.

So können Sie feststellen, ob Ihre Geldregeln in die richtige Richtung gehen:

1. Die Regeln sind sofort als *Ihre* Regeln erkennbar. Wenn Sie diese jemandem zeigen würden, wäre derjenige in der Lage zu merken, dass es Ihre Liste ist. (Meine Regel über »Vorspeisen« ist zum Beispiel ganz die meine.)
2. Sie können sich Ihre Regeln ansehen und sie auf etwas anwenden, für das Sie im letzten halben Jahr Geld ausgegeben haben. Je besser diese Regeln anwendbar sind, desto wertvoller sind diese für Sie.
3. Wenn Sie sich Ihre Regeln ansehen, sollten Sie sich begeistert und nicht eingeschränkt fühlen.

Diese drei Tabellen repräsentieren Ihren Pfad in die Zukunft. Während die Zeit vergeht, können Sie einen Blick zurückwerfen und darüber reflektieren, wie Sie sich Ihre Geldregeln im Laufe der Zeit vorgestellt haben – und wie sie dann tatsächlich aussahen.

STELLEN SIE 30 000-DOLLAR-FRAGEN, NICHT 3-DOLLAR-FRAGEN

Ich hatte auf Instagram eine Unterhaltung, die ich nicht vergessen werde. Eine meiner Leserinnen hatte einen Beitrag von mir gesehen, in dem es darum ging, wie viel unsichtbare Gebühren kosten können. Sie schrieb mir eine Nachricht, in der sie beschrieb, dass sie sich Sorgen mache, sie würde abgezockt, wenn sie die Gebühren ihres Finanzberaters bezahle. Ich fragte sie, wie viel sie glaube, im Laufe eines Lebens dafür bezahlen zu müssen. Ihre Schätzung: um die 30 000 Dollar. Ich zeigte ihr die tatsächlichen Zahlen: um die 315 000 Dollar.

Fiel es Ihnen gleich auf? Sie zahlte letztlich *zehnmal* so viel, wie sie gedacht hatte!

Ich fragte sie dann, ob sie sich vorstellen konnte, die nächsten 30 Jahre ein schlechtes Gewissen wegen kleiner Ausgaben wie Kaffee und Nachtisch zu haben, und gleichzeitig gar nicht zu realisieren, dass keine dieser Ausgaben auch nur in die Nähe von 315 000 Dollar kam.

Sie konnte es kaum glauben.

Welche Tragödie, wenn man 50, 60 oder 70 wird und auf das eigene Leben zurückblickt und feststellt, dass man sich zu viele Gedanken über 3-Dollar-Fragen gemacht hat. Sie haben das Spiel gewonnen, das Sie spielen sollten, wie man Ihnen gesagt hat, aber Sie haben das ignoriert, was tatsächlich wichtig war.

Die meisten von uns verbringen ihre Zeit damit, 3-Dollar-Fragen zu stellen, wenn wir eigentlich lieber die 30 000-Dollar-Fragen stellen sollten. Hier einige meiner liebsten Beispiele:

» Wir zerbrechen uns den Kopf darüber, ob wir ein zweites Handyladegerät kaufen sollten, aber unterzeichnen dann lächelnd einen 30 Jahre laufenden Hypothekenkredit, ohne vorher durchzurechnen, ob wir überhaupt ein Haus kaufen sollten. (Kleiner Tipp: Meine Entscheidung zu mieten, hat mir mehr Geld eingebracht, als eine Immobilie zu kaufen.)

» Wir verbringen Stunden damit zu entscheiden, ob wir in einem bestimmten Hotel unseren Urlaub verbringen sollten oder ob wir es uns leisten können, ein bestimmtes Auto zu kaufen, aber wir verhandeln nie über unser Gehalt.

» Und wir schreiben hektisch E-Mails an einen bestimmten Typen, der sich mit persönlichen Finanzen befasst, und fragen ihn (alles in Großbuchstaben): »DIE ALLY-BANK HAT GERADE MEINE ZINSEN

AUF MEIN SPARKONTO UM 0,025 PROZENTPUNKTE GESENKT! SOLLTE ICH DIE BANK WECHSELN?« – aber bemerken niemals, dass es sich dabei um weniger als 2 Dollar im Monat dreht. (Bei diesem Thema bin ich ein wenig empfindlich, nachdem ich in den letzten zehn Jahren am Tag 20 E-Mails bekommen habe, die sich um Zinsen drehen.)

Man kann es auch anders machen! Treffen Sie bei einigen Schlüsselentscheidungen im Leben die richtige Wahl – das, was ich die »Big Wins« nenne – und Sie können ein reiches Leben gestalten, das genau auf Sie zugeschnitten ist. Reisen Sie mehr, seien Sie großzügiger und geben Sie extravagant viel Geld aus für die Dinge, die Sie lieben – egal, was das ist.

Wenn Sie Ihren Fokus darauf verlegen, nur einige der 30 000-Dollar-Fragen richtig zu beantworten, können Sie sich all die Kaffees und Vorspeisen kaufen, die Sie wollen. Hier ein paar Bereiche, die wirklich wichtig sind:

- Beginnen Sie frühzeitig zu investieren.
- Investieren Sie anhaltend und automatisch.
- Minimieren Sie die Investmentgebühren.
- Kaufen Sie die richtigen Assets.
- Verhandeln Sie über Ihr Gehalt.
- Finden Sie eine Wohnung/ein Haus, das Sie sich leisten können.
- Entwerfen Sie einen Plan, um Schulden zu tilgen.
- Verbessern Sie Ihre psychologische Einstellung zu Geld.
- Entwerfen Sie eine Vision Ihres reichen Lebens und nutzen Sie Ihre Zeit und Ihr Geld, um es zu leben.

Konzentrieren Sie Ihre Energie auf diese Bereiche und Sie werden sich nie wieder über 3-Dollar-Fragen Gedanken machen müssen.

In diesem Abschnitt werden wir uns damit befassen, wie wir uns auf subtile Art und Weise unbewusst auf kleine Fragen konzentrieren. Dann werden wir uns umfassend mit meinem Konzept der »Big Wins« befassen und die großen Fragen angehen.

Über welche 3-Dollar-Frage brauchen Sie sich ab jetzt keine Gedanken mehr zu machen?

Beispiele

- Kostet dieser Nachtisch zu viel?
- Sollte ich mir den Kauf dieses Buches verkneifen?
- Sollte ich Angst haben, etwas zu verpassen, weil ich in der Vergangenheit eine bestimmte finanzielle Entscheidung getroffen habe?

Zählen Sie ein paar 3-Dollar-Fragen auf, die Sie sich in der letzten Woche gestellt haben.	Machen Sie daraus nun eine 30 000-Dollar-Frage.
Beispiel: Kostet diese Mahlzeit zu viel?	*Beispiel: Wie kann ich auf automatisierte Weise etwas sparen und investieren, sodass ich mir nie wieder Gedanken über den Preis von Lebensmitteln machen muss?*
1	1
2	2
3	3

Stellen Sie sich vor, was eine Gehaltserhöhung um 5000 Dollar oder ein einmaliger Bonus für Ihr Leben bedeuten würde. Wenn Sie den Betrag investieren und die Zinseszinsen nach 40 Jahren dazurechnen, sind das Hunderttausende Dollar. Welche drei Dinge könnten Sie noch heute unternehmen, um herauszufinden, wie Sie diese Gehaltserhöhung bekommen.

1 ______________________________

____

____

2 ______________________________

____

____

3 ______________________________

____

____

Verschwenden Sie Ihre Zeit nicht mit 3-Dollar-Fragen!

Wo die meisten Menschen versuchen, Geld zu sparen:

» 3 Dollar für Kaffee

» weiter zu fahren, um billiger zu tanken

» Stunden mit dem Ausschneiden von Coupons zu verbringen

Bereiche, die tatsächlich wichtig sind:

» Investmentgebühren

» Vermögensallokation

» Gehalt verhandeln

» Hypothekenzinsen

» Zinsen auf Studienkredite

REFRAMING

Denken Sie an eine Zeit, als Sie sich selbst sagten: »Ich kann ______________

____

nicht tun, weil ______________________________________

____

____.«

Ändern Sie nun das Skript: »Ich *kann* das tun, weil ______________

____

____.«

FÜLLEN SIE DIE LEERSTELLE

Ich werde aufhören, mir Sorgen zu machen über ______________

____

____

____

und mich konzentrieren auf ______________________________

____

____

____.

»Big Wins« – eine Einleitung

Big Wins sind Schlüsselbereiche Ihres Lebens, die zu überdurchschnittlichen Resultaten führen. Wenn Sie im Leben fünf bis zehn Big Wins richtig hinbekommen, werden Sie sich nie wieder Gedanken über kleine Entscheidungen machen müssen, wie etwa, ob Sie einen Latte macchiato für 5 Dollar oder eine Vorspeise kaufen sollten oder selbst darüber, ob Sie noch einen Tag länger im Urlaub bleiben sollten.

Hier einige der wichtigsten Kategorien, die Big Wins hervorbringen:

1. persönliche Finanzen,
2. Arbeitsstelle,
3. wichtige Beziehungen,
4. Gesundheit,
5. Freizeit.

Gibt es noch andere Kategorien? Natürlich. Es liegt ganz an Ihnen zu entscheiden, welche für Ihr eigenes Leben am wichtigsten sind. Eine Richtlinie, die ich nutze, um etwas zu entscheiden: Wenn ich völlig »im Flow« wäre und diese fünf Bereiche meines Lebens perfekt liefen, führte ich dann ein reiches Leben?

Innerhalb jeder Kategorie gibt es einige Schlüsselentscheidungen, die lebenslang Resultate einbringen können. Der Trick dabei ist, diese Entscheidungen zu identifizieren. Lassen Sie mich also den nächsten Schritt aufzeigen. Nehmen Sie als Beispiel die Kategorie »persönliche Finanzen«. Wenn Sie einschätzen müssten, welche Schlüsselentscheidungen Ihnen etwa 85 Prozent des finanziellen Ertrags bringen, welche wären das?

Folgende sind meiner Meinung nach die Big Wins im Bereich persönliche Finanzen:

» **Ihre Finanzen automatisieren.** Wenn Sie ein automatisches System einrichten, damit Ihr Geld auf Sparkonten und in Investments fließt und Ihnen für Ausgaben ohne schlechtes Gewissen zur Verfügung steht, dann sind Sie damit schon weiter als 95 Prozent aller Menschen. Um den ersten Schritt zu machen, sollten Sie anpeilen, 10 bis 20 Prozent Ihres Bruttoeinkommens zu sparen oder zu investieren. Diese einzelne Entscheidung kann schon Millionen Dollar für sie wert sein.

- » **Beginnen Sie frühzeitig zu investieren.** Wenn Sie sich die Erträge für Investments ansehen, dann ist der größte Treiber dafür die Zeit, zu der Sie damit beginnen. Der Unterschied, mit 20 oder 30 mit dem Investieren zu beginnen, kann Millionen von Dollar ausmachen. Wenn Sie bisher nicht damit begonnen haben, denken Sie einfach daran: Der beste Zeitpunkt wäre vor 20 Jahren gewesen, aber der zweitbeste ist jetzt.
- » **Wählen Sie langfristige Investments mit geringen Kosten.** Vergessen Sie den üblichen Hype, den Sie im Fernsehen sehen, wenn die Leute hastig auf dem Börsenparkett hin und her rennen. In Wahrheit ist Investieren einfach und langweilig. Normalerweise gehören dazu Indexfonds mit sehr geringen Gebühren. Und sie sind gut diversifiziert und alloziert. Diese Entscheidung allein ist mehr wert als all die Latte macchiatos, die Sie im ganzen Leben kaufen werden – zusammengenommen.
- » **Verdienen Sie Geld nebenher.** Es gibt ein Limit, wie sehr man die Ausgaben einschränken kann, aber es gibt kein Limit, wie viel man verdienen kann. Deswegen ermutige ich Sie, sich darauf zu konzentrieren, zusätzliche Einkommensströme zu erschließen, basierend auf Fertigkeiten, über die Sie bereits verfügen.
- » **Lernen Sie, wie man Geld richtig ausgibt.** Ja, Ihr Geld sinnvoll auszugeben, ist eine Fertigkeit und letztlich eine der wichtigsten, die Sie je erlernen werden. Haben Sie ein System aufgebaut, das sicherstellt, dass Sie Ihr Geld einsetzen, um Ihr reiches Leben zu erschaffen? Wieso sollten wir sonst alle so hart arbeiten, sparen und investieren?

Wenn Sie sich jeden dieser Big Wins innerhalb des Bereichs Ihrer persönlichen Finanzen ansehen, werden Sie sehen, dass es sich um gewaltige Chancen handelt. Jede davon erfordert einige Arbeit, um eingerichtet zu werden. Aber sobald Sie die Arbeit geleistet haben, werden Sie daraus jahrelang Gewinne ziehen können. Sobald Sie entschieden haben, was die wichtigsten Bereiche in Ihrem Leben sind, können Sie den Fokus auf diese Schlüsselaktionen ausrichten, die Ihnen die größten Resultate einbringen.

Das ist eine neuartige Sichtweise auf Ihr eigenes Leben. Man braucht eine Weile, um diese Sichtweise zu verankern. Aber sie gestattet es Ihnen, sich auf das zu konzentrieren, was wirklich wichtig ist, im Gegensatz zu dem, was nur dringend ist. Indem ich Zeit damit verbrachte, meine Big Wins zu identifizieren, erlangte ich Klarheit, Lebenssinn und Gelassenheit. Ich glaube, Ihre Big Wins können für Sie dasselbe leisten.

Was war der jüngste Big Win in Ihrem Leben? Denken Sie an Beziehungen, Gesundheit, Geld und Karriere und beschreiben Sie sie detailliert. Wenn Sie über Ihre Leistungen nachdenken, wie fühlen Sie sich dabei?

Wenn Sie einen Blick zurück auf die letzten zehn Jahre werfen, was waren die drei bedeutendsten Dinge, die zu Ihren heutigen Finanzen beigetragen haben? (Bei mir waren es, ein Unternehmen zu gründen, meinen Verdienst zu erhöhen und meine Investments zu automatisieren.)

1 ____________________

____

2 ____________________

____

3 ____________________

____

Was tun Sie diese Woche, das sich in zehn Jahren bezahlt macht?

____

____

____

____

Beispiele

» Heute bin ich ins Fitnessstudio gegangen, um meinen Körper für die kommenden Jahre zu stärken.

» Ich habe einen Freund angerufen und wir haben uns 20 Minuten lang unterhalten. Ich weiß, dass diese Beziehung auch in zehn Jahren noch für mich wichtig sein wird.

» Ich habe meine Konten so eingerichtet, dass ich automatisch jeden Monat 500 Dollar investiere. In zehn Jahren wird daraus beträchtliches Wachstum entstanden sein.

Lassen Sie uns einige weitere Ihrer Big Wins identifizieren. Schreiben Sie mindestens fünf wichtige Kategorien in Ihrem Leben auf, unter die diese Big Wins einsortiert werden können.

1 ______________________________

2 ______________________________

3 ______________________________

4 ______________________________

5 ______________________________

6 ______________________________

7 ______________________________

8 ______________________________

Meine fünf Kategorien für Big Wins

Hier erneut die Kategorien in meinem Leben, in denen alles gut laufen müsste, damit ich sagen könnte, ich lebe ein reiches Leben. Nehmen Sie sich die Freiheit, welche zu ersetzen oder zu ändern, aber begrenzen Sie die Zahl der Kategorien auf fünf, damit Sie fokussiert bleiben.

1. Persönliche Finanzen
2. Arbeitsstelle
3. Wichtige Beziehungen
4. Gesundheit
5. Freizeit

Wählen Sie fünf der Kategorien, die Sie notiert haben, und machen Sie ein Brainstorming, um drei Big Wins zu identifizieren, die in jeder dieser Kategorien auftreten könnten.

Kategorie ________________
1
2
3
Kategorie ________________
1
2
3
Kategorie ________________
1
2
3
Kategorie ________________
1
2
3
Kategorie ________________
1
2
3

SIE SOLLTEN DIE ZAHLEN KENNEN

Gehen Sie ins Internet und suchen Sie nach »Zinseszins berechnen«. Geben Sie Ihre Zahlen ein und sehen Sie, wie viel Geld Sie haben, wenn Sie in Rente gehen. Wie ändert das Ihre Perspektive auf Geld?

Ich habe kürzlich mit einem meiner Studenten geredet, einem 30-Jährigen, der sich fragte, ob er in der Zukunft noch finanziell gut genug aufgestellt wäre. Er nahm an, er hätte bei Eintritt des Rentenalters ungefähr 400 000 Dollar. Ich fütterte seine Zahlen in einen Zinseszinsrechner und stellte fest, dass er tatsächlich über 1,5 Millionen Dollar haben würde. Das veränderte seinen Ausblick aufs Leben unmittelbar. Ihm wurde klar, dass er sich auf 3-Dollar-Fragen konzentriert hatte, auch wenn er bereits die Weichen gestellt hatte, um Millionär zu werden.

Stellen Sie sich eine Person aus Ihrem Leben vor, die Sie bewundern. Welche Art von 3-Dollar-Fragen stellt sich diese Person nicht? Worüber macht sie sich keine Sorgen? Was erlaubt ihr, sich durch solche Dinge nicht stressen zu lassen?

Beispiele

- Derjenige hat mit der Zeit nur kleine Beträge eingesetzt und damit Kompetenz und Selbstvertrauen aufgebaut.
- Derjenige hat eine finanzielle Reserve, um über die Runden zu kommen, wenn etwas schiefläuft.
- Die Person hat Beziehungen, die eine Stütze in ihrem Leben sind, und hält regelmäßigen Kontakt zu diesen Menschen.

Erstellen Sie eine Rangliste der unten aufgeführten Big Wins vom wichtigsten zum für Sie unwichtigsten.

- ◯ Frühzeitig und automatisiert zu investieren.
- ◯ Eine gute Arbeitsstelle zu finden und anständig bezahlt zu werden.
- ◯ Wichtige Beziehungen aufrechtzuerhalten.
- ◯ Sich jeden Tag eine halbe Stunde körperlich zu betätigen.
- ◯ Mindestens zwei Stunden die Woche für ein Hobby aufwenden.

» Wählen Sie einen dieser Punkte aus und notieren Sie drei verschiedene Arten, wie Sie diesen Punkt nutzen könnten, sodass er für Ihr heutiges Leben eine Richtschnur sein kann.

1 ______________________________

____

____

____

2 ______________________________

____

____

____

3 ______________________________

____

____

____

STELLEN SIE 30 000-DOLLAR-FRAGEN, NICHT 3-DOLLAR-FRAGEN SCHLUSSGEDANKEN

Es kann tröstend sein, sich auf die 3-Dollar-Fragen zu konzentrieren, über die wir schon immer nachgedacht haben. »Kann ich mir dieses Hemd leisten?«, »Ich sollte wirklich nicht zum Brunch gehen – soll ich lieber zu Hause bleiben?«, »Sollte ich einige meiner Streamingdienste kündigen?«.

Diese Fragen sind vertraut. Sie geben uns das Gefühl von Kontrolle. Aber sind es wirklich die Fragen, die Sie sich stellen *sollten*? Wenn Sie in 20 Jahren auf Ihr Leben zurückblicken, wird eine Antwort auf diese Fragen wirklich irgendetwas an Ihrem Leben ändern?

Ich glaube, diese Art von 3-Dollar-Fragen sind höchstens Staubkörnchen auf dem Mosaik Ihres reichen Lebens.

Es ist meine Aufgabe, Sie dazu zu bringen, nicht nur ein »gutes« oder »angenehmes« Leben zu leben, sondern ein reiches. Ich betrachte es als Tragödie, Ihr Leben in kleinerem Rahmen zu leben, als es für Sie sein muss. Deswegen bin ich so beharrlich bei diesem Thema: Während Sie erfahrener und erfolgreicher werden, müssen Sie auch in größerem Maßstab denken; dazu gehört es, die *richtigen* Fragen zu stellen, nicht nur die kurzfristigen, die direkt vor unserer Nase liegen.

Während Sie diesen Abschnitt betrachten, vergleichen Sie Ihre Antworten heute mit dem, was Sie vor zehn Jahren aufgeschrieben hätten. Sehen Sie sich die Antworten von Seite 95 an. Es sollte ein gewaltiger Unterschied bestehen! Das bedeutet, dass Sie bereits in größerem Maßstab denken. Und die Antworten, die Sie auf derselben Seite aufgeschrieben haben, die wirklich in großem Maßstab gedacht sind – wie etwas, das Sie heute tun und das sich in einem Jahrzehnt bezahlt macht –, illustrieren eine wichtige Verlagerung. Sie konzentrieren sich auf die Fragen, die in Ihrem Leben in bedeutendem Umfang etwas bewegen können.

Vielleicht geht es um Ihre Gesundheit, wo Sie wohnen, oder dass Sie Geld ausgeben wollen, um jedes Jahr vier Monate zu reisen. Das sind die großen Fragen. Und, ja, Sie werden einige Zeit brauchen, um das zu erreichen. So sollte es auch sein! Sich 30 000-Dollar-Fragen zu stellen, bedeutet wenigere, aber wichtigere Ziele zu setzen – und die Zeit und Aufmerksamkeit zu investieren, um diese wirklich auszuarbeiten.

Wenn Sie über Ihr reiches Leben in großem Maßstab nachdenken, sollten Sie Folgendes bedenken: Wie würde es sich anfühlen, einen präzisen Plan für die wichtigen Dinge in Ihrem Leben zu haben, damit Sie Ihre Energie auf diese Bereiche konzentrieren könnten? Nicht auf die 3-Dollar-Fragen, wie sich Sorgen zu machen, ob man die richtige Marke Küchenpapier kauft, sondern auf ein paar wenige Bereiche Ihres Lebens, die Sie wirklich glücklich machen.

Um sich zu dieser Form der Klarheit vorzuarbeiten, sollten Sie weiter Ihre 30 000-Dollar-Fragen ausarbeiten und sich dann auf diese konzentrieren. Denken Sie daran, Sie sind der CEO Ihres Lebens. Sie entscheiden, was Ihr reiches Leben beinhaltet und wie Sie dorthin gelangen.

5

KAUFEN SIE SICH IHR GLÜCK

Hören sich irgendwelche der folgenden Sprüche vertraut an? »Glück kann man nicht kaufen.« »Geld ist die Wurzel allen Übels.« »Mehr Geld, mehr Probleme.«

In Amerika werden wir zum Glauben erzogen, dass Geld einem tatsächlich kein Glück kaufen kann. Das hält uns aber nicht davon ab, es zu versuchen, denn wir geben Geld für alle möglichen, fragwürdigen Gesundheitsprodukte aus, für »Werde schnell reich«-Betrügereien und für sinnlose Hypes. Noch lustiger ist, wie wir unsere Ambivalenz in Bezug auf Geld zeigen. Ist Ihnen zum Beispiel aufgefallen, dass Amerikaner reiche Menschen lieben, die so tun, als hätten sie kein Geld? Nehmen Sie zum Beispiel Warren Buffett: »Oh, Sie wohnen in einem bescheidenen Haus, das 1969 gebaut wurde! Wie sympathisch!« (Ignorieren wir mal Ihren Privatjet.) Oder Bill Gates: »Sie tragen ja Dockers, genau wie mein Vater!« (Ignorieren wir mal Ihr 6000 Quadratmeter großes Anwesen.)

Wir schaffen sogar eine ganze Identität darum, wie wir *kein* Geld ausgeben: Wir erzählen den Leuten stolz, dass wir niemals für bestimmte Kleidung oder schicke Restaurants Geld ausgeben würden, selbst wenn wir Millionen von Dollar hätten. (Denken Sie darüber nach! Eine Identität, die darauf beruht, was wir *nicht tun* würden, statt eine, die darauf beruht, was wir *tun wollen*.)

Aber ich glaube, Geld kann erstaunlich viel Gutes bewirken. Es kann Ihnen helfen, sich Zeit zurückzukaufen, neue Dinge zu erleben und den Menschen um Sie herum gegenüber großzügiger zu sein.

Es kann Sie auch glücklicher machen.

Überraschenderweise ist das ein radikales Konzept: Die Idee, dass Sie damit beginnen sollten, Ihr Geld zu nutzen, um Ihr reiches Leben zu erschaffen, statt sich auf Beschränkung zu konzentrieren und darauf, Ausgaben zu verringern.

Wenn Sie präzise identifiziert haben, wofür Sie liebend gerne Geld ausgeben, wird es einfacher, gnadenlos bei den Dingen zu kürzen, die Sie nicht lieben (denn Sie haben einen deutlicheren Grund dafür).

Lassen Sie mich Ihnen zeigen, wie das in meinem Leben aussieht. In meiner Kindheit haben wir nie Vorspeisen bestellt. Also beschloss ich als Allererstes für mein reiches Leben, wenn ich eine Vorspeise sähe, die ich wollte, würde ich sie bestellen. Später beschloss ich, wenn ich an einem heißen, schwitzigen Sommertag in New York City ein Meeting hätte, würde ich mit dem Taxi fahren, nicht mit der U-Bahn.

Ich nenne diese Angewohnheiten beim Geldausgeben auch Geldregler. Es sind die Bereiche in Ihrem Leben, für die Sie *liebend gerne* Geld ausgeben. Aber man muss bedenken, dass ich hier nicht davon spreche, 0,34 Dollar im Monat zu sparen, indem ich das Licht im Backofen ausschalte. Und ich werde Ihnen auch keine komplizierten Matheformeln zeigen, um Zinsen zu verstehen. Denken Sie daran, im Bereich der persönlichen Finanzen legen wir zu viel Wert auf Mathematik und zu wenig auf Psychologie.

Eine Aufzählung der gebräuchlichsten Geldregler enthält folgende Punkte: Essengehen, Reisen sowie Gesundheit und Fitness. Wie bei einem Regler können Sie Ihre Ausgaben bei den Dingen »hochdrehen«, die Ihnen wichtig sind. Und wenn Sie Ihre eigenen Geldregler identifiziert haben, wird es plötzlich sehr einfach zu entscheiden, wofür Sie Geld ausgeben wollen und wofür nicht.

Hier ein paar Beispiele, wie Sie einen Geldregler »hochdrehen« können.

» **Essengehen.** Wenn Sie den Regler hochdrehen, können Sie öfter auswärts essen, in teureren Restaurants speisen oder Freunde und Familie mitnehmen. Wenn Sie ihn wirklich auf Anschlag drehen, so wie ein Pärchen, das ich kenne, dann würden Sie in den besten Restaurants der Welt essen, und wenn Sie eine der seltenen Reservierungen in einem bekannten Restaurant wie »Noma« ergattern könnten, würden Sie einen ganzen Urlaub darum herum planen.

» **Reisen.** Diesen Regler hochzudrehen, kann bedeuten, dass Sie länger verreisen, Businessclass buchen oder in bestimmten Hotels absteigen. Diesen Regler auf Anschlag zu drehen, könnte bedeuten, dass Sie ein komplett auf Sie zugeschnittenes Erlebnis schaffen. Ich liebe zum Beispiel Design, daher habe ich, als ich nach Kioto in Japan reiste, zwei örtliche Architekten zu Hause besucht, die mir ihre Designs zeigten und meine Fragen über japanische Architektur beantworteten.

» **Gesundheit und Fitness.** Das könnte beinhalten, Biolebensmittel zu kaufen oder teure Fitnessgeräte. Wenn Sie den Regler auf Anschlag drehen, haben Sie vielleicht einen persönlichen Trainer, einen Ernährungsberater oder Sie reisen zweimal im Jahr zu einem Yoga-Workshop.

Was Sie über die Geldregler verstehen sollten – und es sich eingestehen! –, ist, sich klar zu sein, wofür man liebend gerne Geld ausgibt. Und dann ... auf extravagante Weise Geld dafür auszugeben. Eine automatische Nebenwirkung davon ist, dass es weniger herausfordernd für Sie wird, die Ausgaben in Bereichen zu reduzieren, die nicht mit Ihren Geldreglern übereinstimmen.

Denken Sie daran: Sie entscheiden, wie weit Sie den Regler hochdrehen wollen und sich Ihr Glück kaufen. Wenn das Wort »extravagant« Sie nervös macht, sollten Sie langsam anfangen und nur etwas mehr Geld in einem Bereich ausgeben, der Ihnen wichtig ist und sich die Ergebnisse ansehen. Der bedeutende Aspekt dabei ist, dass es nicht um den Betrag geht. Es geht darum, mit den Dingen, die Sie lieben, anzufangen und von diesem Punkt ausgehend in größerem Maßstab zu denken.

Also sehen Sie sich Ihre eigenen Ausgaben an. Ich frage stets: Wofür geben Sie gerne Geld aus? Und wie wäre es, wenn Sie diese Ausgaben vervierfachen?

Was würden Sie sich wirklich gerne kaufen, es aber nie zugeben? Wieso zögern Sie?

Wenn Sie ein paar Mal im Jahr 100 Dollar ausgeben könnten, um eine wunderbare Erinnerung zu schaffen, was würden Sie tun?

Beispiele

- Schicken Sie einem Freund oder einer Freundin zum Geburtstag einen besonderen Blumenstrauß.
- Übernehmen Sie die gesamte Planung für den Hochzeitstag Ihrer Eltern.

Denken Sie an eine Zeit zurück, in der Sie wirklich glücklich waren. Welche Rolle spielte Geld in diesem Moment für Sie? Wo waren Sie? Was taten Sie?

» Was, dachten Sie vor zehn Jahren, würde Sie glücklich machen? Stimmte das?

Was macht Sie heute glücklich? Schreiben Sie alles auf, was Ihnen einfällt.

» Wie könnte man das mit Geld noch bedeutungsvoller und lohnender gestalten?

Beispiele

» Essen liefern lassen: Ich könnte mir zweimal die Woche Essen bestellen, ohne mir über die Kosten Gedanken zu machen.

» »Spinning«-Fitnesskurse: Ich könnte fünfmal pro Woche teilnehmen; würde mich besser fühlen und hätte mehr Energie, um für kommende Tage produktiv zu sein.

» Neues Auto: Ich könnte einen Wagen kaufen, der mir gefällt, um mich jedes Mal am Anblick zu erfreuen und gerne damit zu fahren.

Wie Geldregler Ihnen helfen können, Ihre Ausgaben zu kontrollieren

Sehen wir uns ein weniger genauer die Einstellung an, gnadenlos die Kosten bei den Dingen zu senken, die Ihnen *nicht* so am Herzen liegen.

Nehmen wir an, Sie sehen sich diesen Bereich genauer an und stellen fest, dass Ihre Geldregler hauptsächlich Gesundheit und Fitness sind. Also beschließen Sie, Ihren Regler hochzudrehen und einen fünftägigen Yoga-Workshop zu besuchen, was Sie schon seit Jahren machen wollten. Der Workshop kostet 2000 Dollar plus Anreise und Sie kalkulieren, dass Sie dafür ein Jahr lang jeden Monat 200 Dollar sparen müssen. Großartig! Sie haben einen Plan und können ihn umsetzen.

Stellen Sie sich nun vor, es ist einen Monat später. Eines Abends nach der Arbeit haben Sie Hunger und sind müde. Normalerweise würden Sie Ihr Telefon in die Hand nehmen und Essen bestellen. Just in dem Moment, als Sie danach greifen, sehen Sie das Bild des wunderschönen Yoga-Zentrums in idyllischer Landschaft auf Ihrem Handydisplay. Ihnen wird klar, »Was mache ich bloß? Ich brauche weniger als ein Jahr, bis ich mir den Yoga-Workshop leisten kann, und ich kann mir heute Abend selbst günstiges (und gesundes) Essen kochen.«

Das ist nur ein einfaches Beispiel dafür, wie Geldregler funktionieren – Kosten einsparen, bei dem, was Ihnen nicht wichtig ist (teures Essen) und die Ausgaben bei dem steigern, was Sie lieben (Gesundheit und Fitness). Jetzt sehen Sie, wieso ich darauf bestehe, mir Ihre lebhaften, detaillierten Beschreibungen Ihrer eigenen Geldregler anzuhören – und wieso ich Sie dazu dränge, große Träume zu hegen. Denn niemand wird durch kleine Träume motiviert. Aber wenn wir die Details betrachten, die unser reiches Leben ausmachen, dann verlieben wir uns in diese Vision – und es wird viel, viel leichter, bei den Dingen erbarmungslos zu sparen, die uns nicht wirklich wichtig sind.

Erinnern Sie sich an eine Zeit, als Sie versuchten, sich bei etwas einzuschränken und es Ihnen wirklich schwerfiel. Was ist passiert? Wenn Sie zurückblicken, wieso glauben Sie, war es so schwer?

» In welchem Bereich haben Sie sich erfolgreich eingeschränkt?

Kehren wir zum Thema zurück, wie Sie sich Ihre Zeit zurückkaufen können, worüber Sie das erste Mal auf Seite 28 nachgedacht haben. Kreuzen Sie jede der folgenden Optionen an, die Sie dieses Jahr ausprobieren möchten.

- ☐ Jemanden dafür bezahlen, dass er für Sie einkaufen geht.
- ☐ Sich automatisch Zahnpasta, Waschmittel et cetera liefern zu lassen.
- ☐ Den nächsten Urlaub von einer Reiseagentur planen lassen.
- ☐ Teurere Produkte kaufen, die länger halten.
- ☐ Jemanden nach Hause bestellen, der Haustiere frisiert oder auf sie aufpasst.

Was könnte man der Liste noch hinzufügen?

- ☐ ______________________________
- ☐ ______________________________
- ☐ ______________________________
- ☐ ______________________________
- ☐ ______________________________
- ☐ ______________________________
- ☐ ______________________________

Eine geheime Einladung für Sie

Wenn Sie bis zu dieser Stelle gelesen haben, schicken Sie mir eine E-Mail (ramit.sethi@iwillteachyoutoberich.com, Betreff: Journal – Seite 112) und erzählen Sie mir davon, was Sie bis hierher am meisten überrascht hat. Und ich werde einige der besten Storys in meinem E-Mail-Newsletter und auf meinen Social-Media-Kanälen verwenden.

ERKENNEN SIE DIE GLAUBENSSÄTZE, DIE SIE EINSCHRÄNKEN

Wenn Sie sich die Bereiche ansehen, die Sie ausgewählt haben, um sich Zeit zurückzukaufen, wie *fühlt* es sich dann an, wenn Sie sich vorstellen, viel Geld dafür auszugeben? Das ist Ihre Gelegenheit, alle potenziell hinderlichen Glaubenssätze zu identifizieren, die unter der Oberfläche lauern. (Wenn Sie zum Beispiel den Punkt auswählen, »Jemanden dafür bezahlen, dass er für Sie einkaufen geht«, hören Sie dann eine Stimme in Ihrem Kopf, die Ihnen sagt: »Ja ... aber das kann ich doch selbst machen«?) Diese einschränkenden Glaubenssätze sollten Sie eliminieren. (Versuchen Sie es stattdessen mit: »Ja, ich könnte es selbst machen, aber ich entscheide mich dafür, Zeit zu sparen und nicht Geld.«)

Was ich tun könnte, um meine Zeit zurückzukaufen.	Wie würde es sich anfühlen?

WIE VIEL WÜRDEN SIE DAFÜR BEZAHLEN?

Denken Sie über die wichtigen Dinge nach, die Sie normalerweise nicht mit Geld kaufen können. Wie viel würden Sie dafür bezahlen? *Denken Sie sich einen exakten Betrag aus!*

Nachts gut durchschlafen	
Seelenfrieden, weil man weiß, dass einem das Geld nicht ausgeht	
Sich jeden Tag gut und gesund fühlen	

Weitere Beispiele für Geldregler

» **Bequemlichkeit.** Das ist mein persönlicher Geldregler! Auf der einfachsten Ebene stellen Sie sich Dinge vor, wie, sich die Nägel machen lassen; jemanden anstellen, der Ihren Hund ausführt; oder sich die Einkäufe liefern lassen. Wenn Sie den Regler höherdrehen, kann das beinhalten, eine Putzkraft einzustellen oder Pakete zu Hause abholen zu lassen. Auf noch höherer Stufe kann es bedeuten, einmal die Woche die Putzkraft zu bestellen, einen persönlichen Trainer zu haben oder sogar einen persönlichen Assistenten.

» **Freiheit.** Dieser Geldregler bedeutet, dass Sie die Freiheit haben zu tun, was Sie wollen, wann Sie es wollen. Es kann zum Beispiel bedeuten, dass Sie von zu Hause aus arbeiten. Auf höherer Stufe kann es bedeuten, dass Sie spontan eine Weltreise machen können und dabei ein Kindermädchen dabeihaben.

» **Erlebnisse.** Das ist der Bereich, der wirklich Spaß macht. Denken Sie an Fallschirmspringen, VIP-Eintrittskarten für Disneyland oder einen Reiseführer anzustellen, der Sie auf eine kulinarische Reise in ein fremdes Land mitnimmt. Auf höheren Stufen arbeiten Sie vielleicht mit einem Luxusreiseberater zusammen, der Ihnen helfen kann, ganz besondere Erfahrungen für Ihre nächste Reise oder einen Jahrestag zu planen.

» **Beziehungen.** Dieser Geldregler besagt, dass Sie Ihren Ausgaben für geliebte Menschen eine hohe Priorität einräumen. Dazu könnte gehören, einen Babysitter für die Kinder zu engagieren, damit Sie sich Luft verschaffen können für einen Abend im Monat oder in der Woche, an dem Sie mit Ihrem Partner ausgehen können. Oder Sie könnten freudig etwas zu den Hochschulkosten Ihrer Nichten und Neffen beitragen. Auf höheren Stufen könnte das bedeuten, eine jährliche Reise für die gesamte Familie zu organisieren.

Wenn Sie 50 Dollar für etwas ausgeben würden, an dem Sie jeden Tag Freude haben, wofür würden Sie es ausgeben?

____

____

____

Beispiele

- Kaufen Sie eine schöne Kaffeetasse, die Sie jeden Morgen benutzen können.
- Kaufen Sie ein Extraladegerät für Ihren Laptop fürs Schlafzimmer.
- Kaufen Sie sich einen schöneren Abfalleimer, bei dem Sie sich nicht bücken müssen, um ihn zu öffnen.

Für weitere Anregungen sehen Sie sich in jedem Zimmer Ihres Hauses um.

EINE HERAUSFORDERUNG: GEBEN SIE 50 DOLLAR AUS

Wenn Sie es sich leisten können, geben Sie diese Woche 50 Dollar für ein durchdachtes Geschenk für einen geliebten Menschen aus. Schreiben Sie dann auf, wie es lief und wie es sich anfühlte, die Reaktion dieser Person zu sehen.

____

____

____

____

____

Schreiben Sie Sachen auf, die Sie *eines Tages* machen wollen. Stellen Sie sich zum Beispiel vor, was Sie tun werden, wenn Sie in Rente sind. Wie können Sie eines dieser Dinge schon *heute* tun?

Weitere Beispiele von Geldreglern

» **Selbstverbesserung.** Dazu könnten Bücher und Kurse gehören. Auf höheren Stufen kann man möglicherweise einen Coach, Trainer oder Tutor engagieren. Dieser Geldregler gefällt mir besonders.

» **Großzügigkeit.** Stellen Sie sich vor, Sie würden einfach nur eine Runde Drinks für Freunde ausgeben oder Geld für gute Zwecke spenden. Auf höherer Stufe kann das ernsthafte Philanthropie beinhalten.

» **Luxus.** Das kann ein schöner Kaschmirmantel sein, teure Kosmetikprodukte oder in einem Fünfsternehotel zu übernachten. Das ist ein weiterer meiner persönlichen Geldregler. Oft wird er als unwichtig abgetan, aber ich finde, man sollte damit einen normalen Umgang finden und es als tolle Sache ansehen. Tatsächlich glaube ich, dass jeder mindestens einmal im Jahr eine wirklich großartige, Ehrfurcht gebietende Luxuserfahrung machen sollte.

» **Sozialer Status.** Das ist einer der unbeliebtesten Geldregler (fast niemand gibt gerne zu, ihn überhaupt auf der Liste zu haben). Lustigerweise verneinen wir gerne, auf Status bedacht zu sein, während wir ein iPhone nutzen, im Nobelrestaurant und einen Tesla fahren. Dazu könnte auch gehören, in einer bestimmten, beliebten Wohngegend zu leben, ein bestimmtes begehrenswertes Auto zu fahren oder die Kinder auf gut angesehene Schulen zu schicken. Es ist nichts Falsches daran, einen hohen sozialen Status anzustreben – das ist ein normales menschliches Bedürfnis!

Ich habe eine Freundin, die *jede Woche* frische Blumen kauft, denn es macht ihr große Freude, diese in Vasen im Haus zu verteilen. Was könnten Sie jede Woche kaufen, das Ihnen Freude macht?

____

____

____

____

Fragen Sie einen älteren Familienangehörigen, was ihn oder sie wirklich glücklich macht, und schreiben Sie die Antworten auf. Bitten Sie um Details. Wenn die Antwort lautet: »Mit der Familie zusammen zu sein«, fragen Sie, ob sie die Familie gerne zu Hause oder in einer anderen Umgebung sehen? Wie oft? Was ist die tollste Erinnerung dieser Person aus den letzten 12 Monaten?

Denken Sie an einen Moment mit der Familie im vergangenen Jahr, der Ihnen in besonders angenehmer Erinnerung geblieben ist. Beschreiben Sie mit drei Wörtern, wie Sie sich in diesem Moment gefühlt haben.

1. ______

2. ______

3. ______

Beschreiben Sie Ihr perfektes Wochenende.

Samstag	Sonntag
Morgens	Morgens
Nachmittags	Nachmittags
Abends	Abends

» Beschreiben Sie nun eine Sache, die Sie heute tun könnten, um dieses perfekte Wochenende möglich zu machen.

Psychologisches Reframing, um Ausgaben auf eine Linie zu bringen

Kürzlich habe ich mich in meinem Podcast mit einem Ehepaar unterhalten. Bevor wir mit der Aufnahme begannen, fragte ich, wie sie sich fühlten. Die Ehefrau sagte: »Nervös, denn ich fürchte, dass Sie mir sagen werden, ich sollte weniger Geld ausgeben!«

Das ist die übliche Sichtweise, die wir einnehmen, wenn es heißt, wir »sollten besser mit Geld umgehen«. Instinktiv glauben wir, dass wir weniger ausgeben, uns einschränken sollten und nicht mehr die Dinge genießen, die wir lieben. Aber, ich hatte nicht vor, ihr zu sagen, dass sie kein Geld mehr für diese Dinge ausgeben sollte. Was hätte ich dadurch überhaupt erreicht? Ihr Geld gehört schließlich ihr und es hätte nichts gebracht, wenn ihr jemand gesagt hätte, sie sollte kein Geld für die Dinge ausgeben, die sie liebt.

Es gibt sehr viel effektivere Strategien, Ihre Ausgabeverhalten zu ändern.

1. **Betrachten Sie es als »Ausrichtung« Ihrer Ausgaben, nicht als Einschränkung.** Es gibt ein psychologisches Phänomen, das man »Reaktanz« nennt. Der Begriff bezieht sich auf die negativen Reaktionen auf Regeln, die unsere Freiheit bedrohen. Wenn Sie eine Veränderung Ihres Ausgabeverhaltens als eine Beschneidung Ihrer Freiheit sehen, Geld auszugeben, wofür Sie wollen, werden Sie auf alle Zeiten einen verborgenen, inneren Kampf gegen diese Veränderung austragen. Das Reframing: »Wenn ich wirklich Geld dafür ausgeben will, kann ich es tun. Ich werde einfach bewusst und zielgerichtet mit meinen Ausgaben umgehen und vorher eine Entscheidung treffen.« Sehen Sie es als eine Chance, nicht als Einschränkung, und Sie werden es viel leichter durchhalten.

2. **Geben Sie Geld für die Dinge aus, die Sie lieben.** Das bedeutet, weniger für die Dinge auszugeben, die sie *nur mögen*. Meine Frau und ich haben beispielsweise beschlossen, dass wir mehr Mahlzeiten zu uns nehmen wollten, die uns in Erinnerung blieben. Um das zu tun, waren wir bereit, Mahlzeiten auszulassen, die nur »okay« sind. In der Praxis bedeutet das, wir essen alle paar Monate in einem wirklich außergewöhnlichen Restaurant, aber wir lassen das wöchentlich besuchte, durchschnittliche Restaurant weg.

Die Art zu verändern, wie wir Geld ausgeben, sollte sich nicht anfühlen, als würden wir einen Kampf ausfechten. Wenn Sie sich über Ihr reiches Leben klar werden und psychologisches Reframing nutzen, werden Sie endlich das Gefühl haben, dass Ihr Geld einen Zweck erfüllt.

Was war Ihr bester Urlaub? Denken Sie daran zurück, wieso er besonders oder einzigartig war.

» Wie können Sie ein Element dieses Urlaubs in Ihr tägliches Leben einbauen? (Zum Beispiel können Sie diesen superbequemen Bademantel aus Ihrem Hotel kaufen. Oder, statt vor Ihrem Computer zu essen, können Sie draußen einen Tisch decken und Ihr Mittagessen mit Musikuntermalung einnehmen.)

Ein Freund hat mir einmal gesagt: »Du kannst in deiner restlichen Lebenszeit nur noch etwa 100 Events veranstalten. Sorge dafür, dass sie etwas Besonderes sind.« Wie könnten Sie dafür sorgen, dass Ihr nächster Restaurantbesuch, Geburtstag oder Hochzeitstag etwas Besonderes wird?

Welche Meilensteine werden Sie bald erreichen?	Wie können Sie diese noch bedeutungsvoller und erinnerungswürdig machen?

DIE ZAUBERSTAB-CHALLENGE

Sehen Sie sich in Ihrem Zuhause um. Was würden Sie hinzufügen, entfernen, vermehren oder verringern?

Beispiele

» Den Hinterhof vergrößern

» Den kaputten Couchtisch ersetzen

» Bücher aus Ihrem Regal an gemeinnützige Einrichtungen spenden

Hinzufügen	Abziehen

Vermehren	Verringern

AUSGABEN EFFEKTIV REDUZIEREN

Jetzt, wo Sie nach und nach Ihre Geldregler identifiziert und sich vorgestellt haben, wie Sie *mehr* für die Dinge ausgeben könnten, die Sie lieben, können wir uns darauf konzentrieren, die Kosten für die Dinge zu reduzieren, die Sie *nicht genießen*. Identifizieren Sie drei Bereiche, für die Sie gegenwärtig Geld ausgeben, die aber kein Kernbestandteil Ihres reichen Lebens sind. (Die häufigste Antwort ist Essengehen.)

1 ______________________________

____

2 ______________________________

____

3 ______________________________

____

» Was glauben Sie, ist der Grund, wieso Sie Geld für diese Bereiche ausgeben, wenn sie Ihnen nicht wirklich wichtig sind? (Wenn Sie bei dieser Frage ins Stocken kommen, hilft es, wenn Sie Ihre Ausgaben betrachten wie ein Wissenschaftler: Notieren Sie eine schnelle, sachliche Antwort und urteilen Sie dabei nicht. Versuchen Sie, so distanziert wie möglich zu sein, etwa folgendermaßen: »Ich vergesse vorauszuplanen und bis ich mit der Arbeit fertig bin, bin ich müde, also bestelle ich einfach etwas zu essen.«)

____

____

____

____

Wenn Sie mit Selbstvertrauen Ihr Ausgabeverhalten auf eine Linie bringen, damit es zu Ihrem reichen Leben passt, indem Sie *ja* sagen zu den Dingen, die Sie lieben, und *nein* zu den Dingen, die Sie nicht mögen, welche Veränderungen würden Sie in Ihrem Leben umsetzen?

» Wie würde es sich anfühlen? Welche Art von Mensch würden Sie werden?

Langsame und anhaltende Veränderungen bringen den Sieg

Ein allgemein verbreiteter Fehler beim Reduzieren von Ausgaben ist es, wenn Sie versuchen, von 500 Dollar auf 0 Dollar zu kommen. Das ist ein sicheres Rezept für eine Katastrophe. Meine Faustregel ist: Ich konzentriere mich auf höchstens zwei Bereiche auf einmal und ziele normalerweise darauf ab, im Verlauf eines halben Jahres in kleinen Schritten 50 Prozent weniger auszugeben.

Sagen wir zum Beispiel, Sie geben 300 Dollar im Monat für Kleidung aus. Sie könnten versucht sein, übermotiviert an die Sache heranzugehen und zu sagen: »Das war's! Ich bin fertig damit! Ich kaufe keine neue Kleidung.« Aber normalerweise stelle ich fest, dass diejenigen scheitern, die zu dramatische Einschnitte machen.

Stattdessen würde ich folgenden Ansatz verfolgen.

» Zuerst würde ich mir ausgiebig Gedanken machen, wie mein reiches Leben aussieht. Welche Vision habe ich? Welche spezifischen, hübschen Details tragen dazu bei, dass ich Veränderungen vornehme? Was würde ich tun, *statt* 300 Dollar im Monat für Kleidung auszugeben? Ich schreibe die Details nieder und hänge sogar einen Notizzettel an meinen Computerbildschirm.

» Als Nächstes gehe ich meinen eigenen Ansichten über Kleidung auf den Grund. *Liebe* ich sie? Oder *mag* ich sie nur? Kann ich Kleidung kaufen und dabei meinen Wunsch befriedigen, etwas Schönes zu tragen, aber es gleichzeitig mit einer größeren Vision über mein reiches Leben ausbalancieren?

» Zu guter Letzt setze ich mir ein schrittweise erreichbares Ziel. Ich beginne mit den 300 Dollar, die ich durchschnittlich ausgebe, und verringere den Betrag jeden Monat um 10 Prozent: 270, 240, 210 Dollar ... bis ich mein Ziel von, sagen wir 150 Dollar im Monat, erreicht habe. (Kurze Notiz: Denken Sie daran, das Geld, das Sie gespart haben, in einen Bereich umzuleiten, der Ihnen wichtig ist, egal es sich dabei um einen anderen Bereich handelt, für den Sie Geld ausgeben wollen, oder ob Sie es sparen und investieren wollen.)

Langsam und anhaltend funktioniert als Strategie auf lange Sicht gesehen – besonders, wenn Sie es mit psychologischem Reframing kombinieren und einer deutlichen Vision Ihres reichen Lebens.

IDENTIFIZIEREN SIE, WAS IHNEN NICHT WICHTIG IST

Entscheiden Sie, wie viel Sie in Bereichen sparen wollen, die Ihnen einfach nichts bedeuten. (Wenn Sie zum Beispiel jeden Monat 100 Dollar in Restaurants ausgeben und Ihnen auswärts zu essen einfach nicht so wichtig ist, wie viel möchten Sie dann stattdessen ausgeben?)

Bereich für Einsparungen	Aktuelle Ausgaben	Angepeilte Ausgaben

Wozu fühlen Sie sich verpflichtet, aber wollen es eigentlich nicht tun? (Zum Beispiel jeden Tag Wäsche zu waschen, jede Woche einzukaufen oder die Wochenenden damit zu verbringen, den Rasen zu mähen.)

____

____

____

____

____

» Wenn Sie das nächste Mal auf dieses Problem treffen, auf welche drei Arten könnten Sie darauf anders reagieren als üblich?

1 ______________________________

2 ______________________________

3 ______________________________

»Im Bereich der persönlichen Finanzen legen wir zu viel Wert auf Mathematik und zu wenig auf Psychologie.«

FEHLSCHLÄGE ERWARTEN

Üben Sie sich darin, »Fehler zu erwarten«. Immer wenn Sie etwas Neues ausprobieren, versuchen Sie vorauszuahnen, auf welche Weise Sie scheitern könnten. Planen Sie das ein! (Wenn Sie zum Beispiel weniger für Getränke ausgeben wollen, wenn Sie ausgehen, denken Sie über Gruppendruck nach: Wer wird etwas sagen wie, »Komm schon, hab mal ein bisschen Spaß!«.) Notieren Sie all die verschiedenen Widerstände, auf die Sie treffen könnten, inklusive Menschen und Situationen, die dazu führen könnten, dass Sie an sich selbst zweifeln oder Ihre Vorsätze brechen.

» ______________________________

____

____

» ______________________________

____

____

» ______________________________

____

____

» ______________________________

____

____

» ______________________________

____

____

Jetzt ist es an der Zeit, Ihre eigenen Geldregler zu verfeinern. Wie würden Sie den Regler in jedem Bereich hochdrehen?

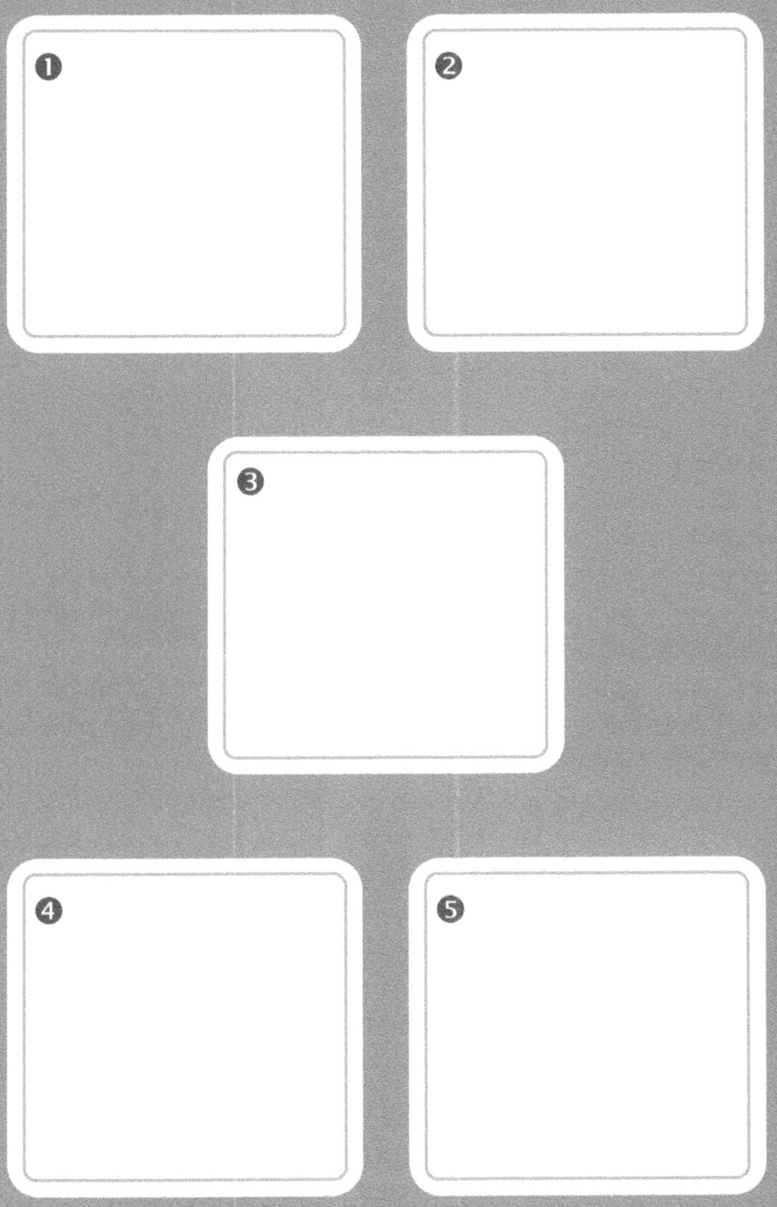

KAUFEN SIE SICH IHR GLÜCK SCHLUSSGEDANKEN

Die meisten von uns wurden in der Kindheit mit »Warnungen« über Geld bedacht. Präziser ausgedrückt, hat man uns:

- gewarnt, nicht zu viel auszugeben,
- ermahnt, einen sicheren Beruf zu ergreifen,
- gewarnt, welch böse Versuchungen mit Geld einhergehen,
- vor Kreditkarten gewarnt,
- ermahnt zu sparen, zu sparen und zu sparen.

Sie sehen, wieso es so einfach für unsere Eltern, Lehrer und sogar den Großteil unserer Kultur selbst ist, uns die Warnung vorzuhalten, dass Geld kein Glück kaufen kann. Dabei gibt es nur ein Problem: Es stimmt nicht!

Vielleicht haben Sie von der alten Studie aus dem Jahr 2010 von Daniel Kahneman und Angus Deaton gehört, in der es hieß, dass Geld uns nur bis zu einem jährlichen Einkommen von 75 000 Dollar glücklicher macht und die Kurve dann verflacht. Nun, eine neuere Studie ergab, dass Glück mit dem Einkommen steigt – ohne Plateau.

Der Autor einer neueren Studie, Matthew Killingsworth von der Wharton University, hat darauf hingewiesen, wieso Geld auch dem Glück auf die Sprünge hilft: »Wenn Sie mehr Geld haben, haben Sie mehr Wahlmöglichkeiten, wie Sie Ihr Leben leben wollen ... Bei sämtlichen Entscheidungen, egal ob groß oder klein, hat eine Person mehr Auswahl und ein gesteigertes Gefühl von Autonomie, wenn sie mehr Geld hat.«

Daraus ergeben sich eine Menge beängstigender Konsequenzen für die üblichen Gatekeeper, die uns gesagt haben, dass Geld uns nicht glücklich macht – und sogar für uns selbst! Sind Reiche glücklicher als Arme? Ist die endlose Jagd nach Geld das Einzige, was uns glücklich macht? Was ist überhaupt Glück? Und, vielleicht am beängstigendsten – könnte der wahre Grund, wieso ich nicht glücklich bin, die Tatsache sein, dass ich nicht genug Geld habe?

Ich stieß dabei auf Folgendes: Geld ist ein wichtiger Teil eines reichen Lebens, aber eben nur ein Teil. Die blinde Anhäufung von Geld wird einen nicht glücklich machen. Ab einem bestimmten Punkt werden weitere 10 000 Dollar für Ihr Leben keine Rolle mehr spielen. (Mein Podcast ist gefüllt mit Unterhaltungen mit Paaren, die gespart, gespart und gespart haben und selten darüber nachdachten, wie sie ihr Geld *ausgeben* sollten.)

Während Sie arbeiten, sparen und investieren, ist vor allem wichtig, dass Sie eine Vision Ihres reichen Lebens erschaffen, die Sie begeistert und inspiriert. Plötzlich hat Ihr Geld einen Zweck. Es besteht nicht mehr nur aus Zahlen auf einem Bildschirm, sondern Freizeit mit Ihren Kindern, einem bezaubernden Hotel, in dem Sie sich mit Ihrem Partner entspannen können, oder auch einem wunderschönen Outfit, in dem Sie sich so richtig gut fühlen.

Ja, Geld kann in der Tat Glück kaufen.

In der Hauptsache geht es dabei um den Weg, den Sie beschreiten, wenn Sie Ihr reiches Leben kreieren, das auf Sie zugeschnitten ist. Sicher, gelegentlich kann das bedeuten, dass Sie in einem tollen Restaurant essen oder am Strand sitzen und sich Cocktails servieren lassen – aber die wahre Freude liegt darin, Ihre eigene Vision zu erschaffen und auszuleben.

Können Sie nun sehen, wieso ich so viel Zeit damit verbracht habe, Sie zu ermutigen, sich über Ihre Geldregler völlig im Klaren zu sein? Diese Reise, auf der Sie Ihr reiches Leben kreieren, *wird Ihnen mehr Freude bringen, als schließlich am Ziel anzukommen*. Die große Einsicht ist, mit dem zu beginnen, was Sie lieben, und sich vorzustellen, wie es aussehen und sich anfühlen würde, wenn Sie mehr für die Dinge ausgeben, die Ihnen wichtig sind.

Nun zur letzten Übung in diesem Abschnitt. Ich würde gerne etwas ausprobieren, das ich die »100-Dollar-Challenge« nenne. Das funktioniert etwa so: Geben Sie in den nächsten 48 Stunden 100 Dollar nur für sich selbst aus – für niemanden sonst. (Anmerkung: Wenn Sie ein höheres Einkommen haben, passen Sie die Zahl an auf 500 Dollar oder was Ihnen sinnvoll erscheint. Wenn 100 Dollar für Sie eine Belastung sind, geben Sie aus, wie viel Sie sich leisten können.) Wofür haben Sie es ausgegeben und wie haben Sie sich dabei gefühlt?

6

MEISTERN SIE IHRE FINANZEN UND BEZIEHUNGEN

Ich lese gerne Lebenshilfekolumnen, vor allem, wenn es um Geldprobleme in Beziehungen geht. Gemäß einiger dieser Kolumnisten sollten Sie bei Ihrem ersten Date einen Auszug Ihrer Kreditkartendaten, eine Auflistung der 37 Kategorien, für die Sie Geld ausgeben, und einen Ausdruck Ihres Investmentportfolios sowie Ihrer Ziele für die nächsten 20 Jahre dabeihaben.

Waren diese Leute jemals auf einem Date?

Man muss realistisch bleiben. Niemand redet so früh schon über Geld (ist ja auch in Ordnung). Aber so viele von uns wissen nicht, wie sie zu *irgendeinem* Punkt in der Beziehung über Geld reden sollen – erst recht nicht, wenn die Gemüter schon erhitzt sind.

Die Idee, sich proaktiv zusammenzusetzen, um sich offen über Geld zu unterhalten, ist uns so fremd, dass wir den (richtigen) Ratschlag, das zu tun, einfach ignorieren. Eine der häufigsten Ansichten ist dabei: »Also, okay, ich soll also diese schmerzhafte Unterhaltung über Geld führen – ein Thema, bei dem ich nicht einmal sicher bin oder Ahnung habe –, von der ich weiß, dass sie unangenehm werden wird und vermutlich zu einem großen Streit führt. Äh ... ich werde das einfach ignorieren und mich später darum kümmern.«

Genau wie beim Benutzen von Zahnseide ist es einfacher, das Ganze so lange zu ignorieren, bis man ein echtes Problem hat. Ich kann das verstehen! Ich habe mich dessen auch schon schuldig gemacht. Als ich mit meiner heutigen Frau die ersten Verabredungen hatte, hatte ich bereits diesen Ratschlag gehört, man solle mit dem Partner über Finanzen reden. Raten Sie mal: Ich habe ihn ignoriert! Ich redete nicht über Geld, bis sie irgendwann das Thema zuerst anschnitt.

Das kann man besser machen. Sie können sich ehrlich und realistisch über Geld unterhalten, aber das Wichtigste ist, dass Sie dabei mit Ihrem reichen Leben das Thema eröffnen – und nicht mit Anschuldigungen. Es ist ein zauberhafter Moment, wenn Sie dabei feststellen, dass Sie beide am gleichen Strang ziehen: Sie können größere Träume träumen, schneller Ihr reiches Leben leben und noch mehr Spaß dabei haben, weil Sie es gemeinsam tun.

Ich liebe es, über Geld und Beziehungen zu reden. Wenn ich die Chance habe, mich mit einem Paar über ihre Geldpsychologie zu unterhalten, kann ich dabei zusehen, wie die gesamte Ausrichtung der Beziehung sich während einer einzigen Unterhaltung ändert. Geld hat oft eine solch negative Auswirkung auf Beziehungen, aber mit einigen kleinen Veränderungen kann es unglaublich konstruktiv sein und Menschen zusammenbringen. Sie müssen nicht in allem übereinstimmen, aber der einfache Prozess, sich etwas Zeit für ein proaktives Gespräch über Geld zu nehmen – *bevor* es eine Krise gibt –, ist bereits ein sehr wirkungsvoller, positiver Präzedenzfall.

Wenn Sie mit geliebten Menschen in Ihrem Leben über Geld reden – Ihrem Partner, Ihren Eltern, Ihren Freunden –, welche Worte fallen Ihnen dabei als Erstes ein? Hier ein paar Aussagen, die ich oft höre:

- »Wir ziehen nicht an einem Strang.«
- »Es ist mir zu peinlich.«
- »Wir streiten uns ständig über Geld.«
- »Ich schäme mich, dass ich nicht das bieten kann, was mein Partner sich wünscht.«
- »Es steht immer unübersehbar im Raum.«
- »Wir ignorieren es, bis es irgendeine Katastrophe gibt.«

Stellen Sie sich ein Leben vor, in dem man keinen Stress auslöst, wenn man das Thema Geld anspricht – wenn es genauso normal ist, wie darüber zu diskutieren, ob man diese Woche Bananen kaufen soll.

Stellen Sie sich ein Leben vor, in dem Sie kein unangenehmes Gefühl beschleicht, wenn Sie sagen: »Nein, das ist kein Teil meines Finanzplans«, wenn jemand Sie fragt, etwas zu tun, das Sie sich nicht leisten können oder das Ihnen nicht wichtig ist. Keine Scham, keine Schuld. Einfach eine gelassene Antwort und dann widmen Sie sich wieder etwas anderem.

Und stellen Sie sich ein Leben vor, in dem Sie Geld nutzen können, um gemeinsam mit den Menschen, die Sie lieben, zu *träumen*. Also könnten Sie sich die Frage stellen: »Wohin sollen wir dieses Jahr in den Urlaub fahren? Können wir teurere Plätze kaufen, damit es bequemer wird? Wen wollen wir dazu einladen?« In diesem Leben können Sie Geld verwenden, um fürsorglich, abenteuerlustig und großzügig zu sein.

Dieses Leben existiert. Ich kann Ihnen zeigen, wie Sie dorthin kommen.

Denken Sie an die fünf Menschen, mit denen Sie am meisten Zeit verbringen. Wie denken diese über Geld und wie gehen Sie damit um?

Person	Gedanken über Geld und Umgang damit
1	
2	
3	
4	
5	

» Welche Gemeinsamkeiten sehen Sie zwischen diesen Menschen?

Es ist normal, über Geld zu reden

Ich habe mich neulich mit einem Paar unterhalten, das sich ständig über seine Finanzen streitet. Ich habe beiden die Frage gestellt: »Wann unterhalten Sie sich mal ganz normal über Geld?« Sie sahen sich beide an und lachten.

»Wir reden darüber, wenn wir uns darüber streiten«, sagte die Ehefrau.

»Sonst nicht?«

»Nein«, sagte der Ehemann verwirrt. »Was, sollen wir etwa ein Geld-Meeting inklusive Tagesplanung haben? Das wäre seltsam.«

Wissen Sie, was ich für seltsam halte? Sich die nächsten 40 Jahre in der Beziehung zu streiten, weil man nie eine gemeinsame Vision entwickelt hat. (Und, abgesehen davon, wer liebt nicht diesen besonderen Moment, wenn man den Ordner mit der Tagesplanung anklickt und ein besonders präzise und detailliert ausgearbeitetes Dokument vorfindet, auf dem alle relevanten Informationen perfekt zusammengefasst sind, inklusive eines Inhaltsverzeichnisses und der Schlüsselentscheidungen, die man anklicken kann als Liste ganz oben? Okay, machen Sie sich keine Sorgen, es darf auch etwas simpler sein.)

Tief im Innersten glauben viele von uns, dass diese Augenblicke von Spannung und Drama die einzigen Momente sind, in denen man diese Unterhaltungen hat. Sie leben Ihr Leben und sobald ein finanzielles Problem zu einem Streit führt, kümmern Sie sich darum. Denken Sie darüber nach: Haben Sie jemals gesehen, wie Ihre Eltern einen Monatsplan hervorholten und ganz gelassen über Finanzen diskutiert haben? Die Menschen, die glauben »Geld = Streit«, haben fast immer als Kinder ihre Eltern über Geld streiten sehen.

In meiner Arbeit mit Paaren zeige ich ihnen, dass Geld ein normales Thema sein kann, über das man diskutiert, bevor es Streit gibt. Ich ermutige sie, jeden Monat eine Stunde Zeit zu reservieren, um darüber zu reden, welche Gedanken man sich gerade darüber macht, und dabei wenigstens ein positives Kompliment über den Umgang des jeweils anderen mit Geld zu machen. Und man sollte proaktiv für die finanziellen Entscheidungen des nächsten Monats vorausplanen.

Sie entscheiden, was für Sie funktioniert. Wenn andere Menschen denken, es ist seltsam, wen interessiert's?

DEN RICHTIGEN MOMENT UND ORT WÄHLEN

Wenn Sie mit Ihnen nahestehenden Menschen über Geld sprechen, sollten Sie über das Timing und das Setting nachdenken. Wenn Sie zum Beispiel beschließen, das Thema Geld anzuschneiden, wenn Sie morgens die Kinder für die Schule fertigmachen, wird das eine stressige, gehetzte Unterhaltung. Auf der anderen Seite, wenn Sie sich Zeit nehmen, in der Sie beide frisch und bereit für ein Gespräch sind, stehen Ihre Chancen für eine erfolgreiche Unterhaltung wesentlich besser. Nutzen Sie die Tabelle unten, um einige der besten und schlechtesten Zeiten/Settings aufzulisten, um über Geld zu reden.

» **Ein Vorschlag:** Denken Sie vom Standpunkt des Überflusses aus! Was, wenn Sie beschließen, es jeden Monat zu feiern, dass Sie über Geld reden? Was, wenn Sie einen Babysitter engagieren und in ein schickes Restaurant gehen? Oder wenn Sie jede Unterhaltung mit einem ernst gemeinten Kompliment an Ihr Gegenüber beginnen? Sie bestimmen, wie diese Unterhaltungen mit geliebten Menschen über Geld Ihnen allen in Erinnerung bleiben.

Beste Zeit/Bestes Setting	Schlechteste Zeit/Schlechtestes Setting

Was waren die besten oder am längsten nachwirkenden Lektionen, die Sie von Ihren Freunden über Geld gelernt haben?

» Was war die schlechteste Lektion oder diejenige mit den schädlichsten Nachwirkungen?

Wollen Sie die Art von Mensch sein, die großzügig geliebten Personen Geld gibt? Wieso oder wieso nicht?

Über einen Plan für Geschenke und Spenden reden

Am Ende des Jahres setzen meine Frau und ich uns zusammen und planen die Finanzen des nächsten Jahres. Wir kreieren einen auf die Zukunft ausgerichteten, jährlichen Plan für »Bewusstes Geldausgeben«, wobei wir uns überlegen, wie viel wir für Geschenke und Spenden ausgeben wollen. Wir könnten zum Beispiel beschließen, dass jedes Geschenk 100 Dollar kosten soll. Wir wissen, wie vielen Freunden und Familienmitgliedern wir Geschenke machen werden, also schreiben wir das in unseren Plan für das Jahr. (Und, wir stellen sicher, ein wenig Spielraum zu lassen – normalerweise 10 bis 15 Prozent – für unerwartete Geschenke.) Das Gleiche machen wir bei Spenden, Reisen und anderen bedeutenden Bereichen für Ausgaben. Dieser Prozess erhebt den »Wunsch«, großzügiger oder wohltätiger zu sein oder mehr zu reisen, zu einem echten Plan.

Wie würden Sie den Umgang Ihrer Eltern mit Geld beschreiben und wie sie darüber geredet haben?

» Wenn Sie einen Blick in die Vergangenheit werfen und sich überlegen, was Sie von ihnen gelernt haben, womit stimmen Sie überein und in welchen Punkten stimmen Sie nicht mit Ihren Eltern überein?

Übereinstimmung	Keine Übereinstimmung

Was würden Sie tun, wenn Ihre Eltern Sie anriefen und sagten: »Du musst uns 2000 Dollar schicken«?

In früheren Episoden meines Podcasts unterhielt ich mich mit einem Paar aus Pakistan. Der Ehemann wusste nicht recht, wie er auf die häufiger werdenden Bitten seiner Eltern, ihnen Geld zu schicken, reagieren sollte. Als ältester Sohn wurde es von ihm erwartet – immer und immer wieder, ohne es infrage zu stellen. Wenn Sie Pakistani, Inder, Mexikaner, Ghanaer, Filipino oder ein Angehöriger einer ganzen Reihe anderer Kulturen sind, stehen die Chancen gut, dass Sie diese Erwartungen verstehen können. Für andere mag diese Frage überraschend, vielleicht gar lächerlich sein. Aber für viele Menschen auf der ganzen Welt ist es eine sehr reale Erwartung, der Familie mit Geld auszuhelfen.

Wir haben über die unsichtbaren Skripte gesprochen, mit denen Sie aufgewachsen sind (blättern Sie zurück zu Seite 36). Sie haben darüber nachgedacht, wie Ihre Eltern mit Geld umgegangen sind. Jetzt will ich, dass Sie darüber nachdenken, wie Kultur Ihre Perspektive auf persönliche Finanzen beeinflusst hat.

Kulturelle Erwartungen sind unglaublich einflussreich, aber die Regeln werden nie irgendwo tatsächlich aufgeschrieben. Dennoch fühlen Sie sich unter Druck gesetzt, ihnen zu folgen – und die Strafe folgt auf dem Fuß, wenn Sie es nicht tun.

Denken Sie über die kulturellen Erwartungen nach, mit denen Sie aufgewachsen sind. Wurde von Ihnen erwartet, Arzt oder Ingenieur zu werden? (Von mir ja. Genau wie von den meisten meiner indischen Freunde.) Oder wurde von Ihnen erwartet, ein Haus zu kaufen, zwei Kinder zu bekommen und in die Vorstadt zu ziehen? Das ist ebenfalls eine kulturelle Erwartung, aber wenn Sie in Amerika aufgewachsen sind, ist es Ihnen vielleicht gar nicht als solche aufgefallen – deswegen ist es ein »unsichtbares Skript«.

Die Lösung hierbei ist, nicht zu versuchen, im Alleingang die Kultur zu verändern. Es geht darum, die unsichtbaren Regeln deutlich zu machen, denn sobald wir sie sehen können, können wir entscheiden, ob wir ihnen tatsächlich folgen wollen. Beim oben erwähnten Paar war es so, dass dem Sohn klar wurde, er hatte zu seinen Eltern nie »nein« gesagt – noch nie. Er musste seine Beziehung zu ihnen überdenken und deutlich machen, dass seine Frau die oberste Priorität hatte. Das ist eine herausfordernde Veränderung der Identität, die viele schwierige – aber oft notwendige – Unterhaltungen erfordert.

»Stellen Sie sich ein Leben vor, in dem man keinen Stress auslöst, wenn man das Thema Geld anspricht. An diesen Punkt zu gelangen, ist ein wichtiger Schritt, wenn man ein reiches Leben erschaffen will.«

War in Ihrer Kindheit und Jugend Geld ein Thema, das man offen ansprechen konnte? In welchen Kontexten wurde über Geld geredet?

Sind Ihre Finanzen besser oder schlechter als diejenigen Ihrer Eltern? Wie, glauben Sie, beeinflusst das Ihre Alltagsentscheidungen?

MIT WEM REDEN SIE ÜBER GELD?

Wählen Sie eine Person aus jeder Beziehungskategorie und füllen Sie die Tabelle aus.

	Freund(in)	Familie	Andere
Name			
Wieso rede ich mit demjenigen?			
Wieso rede ich nicht mit anderen?			
Mit wem würde ich mir wünschen, darüber reden zu können?			

Wieso es sich lohnt, mit anderen an einem Strang zu ziehen

Als ich heiratete, wäre es einfach für mich gewesen, mich um unsere finanziellen Angelegenheiten zu kümmern. Schließlich verdiene ich damit meinen Lebensunterhalt. Und in einer Beziehung übernimmt normalerweise eine Person eine größere Rolle, wenn es darum geht, wichtige Sachen zu tun, wie zu kochen oder den Rasen zu mähen, oder nicht?

Aber beim Geld ist das anders. Ich bestand darauf, dass wir unsere Finanzen gemeinsam managen – selbst, wenn unsere Unterhaltungen darüber nicht einfach waren. (Wir hatten verschiedene Ansichten über Geld, verschiedene Geldbeträge, die wir in die Ehe einbrachten, und verschiedene Meinungen darüber, was Geld für uns bedeuten konnte.)

Der Grund ist: Eines Tages könnte ich von einem Bus überfahren werden. Egal, ob es heute oder in 50 Jahren ist, ich will, dass meine Frau finanziell bewandert genug ist, um die Familienfinanzen regeln zu können.

Ein weiterer Grund: Um ein reiches Leben zu kreieren, ist es wichtig, dass wir beide einen Einsatz im Spiel haben. Stellen Sie sich das folgendermaßen vor: Haben Sie je eine Reise für Leute geplant, wobei Sie alle per E-Mail angeschrieben und gefragt haben: »Wie verreist du am liebsten?« Und jeder antwortete: »Ich sehe das locker. Ist mir ganz egal.«

Haben Sie dann, als Sie die Planung übernommen haben, bis ins Detail einen Reiseplan erstellt für jeden einzelnen Tag, haben dabei die Vorlieben jedes Einzelnen berücksichtigt, die Ernährungseinschränkungen und das Budget, nur, um dann endlich dort anzukommen und sich plötzlich bei jeder Mahlzeit, bei jedem Ausflugsziel und bei jeder Aktivität Gemecker anhören zu müssen? Nein? Ging das nur mir so? Ich bin immer noch sauer, wenn ich nur daran denke.

Sie und Ihr Partner werden niemals finanziell auf einer Linie liegen, außer Sie sind beide daran beteiligt. Den Rasen mähen ist das Eine. Aber Geld spielt bei allem in Ihrem reichen Leben eine Rolle. Wenn Sie beteiligt sind, kann das bedeuten, gemeinsam einen Ausgabeplan zu skizzieren oder zu entscheiden, wie Ihr Traumhaus aussieht, oder ein Rentensparkonto zu eröffnen. Sie können gemeinsam entscheiden, wie Sie sich die Arbeit aufteilen wollen – aber es ist wichtig, dass Sie beide beteiligt sind.

Ja, es erfordert von Anfang an mehr Arbeit. Aber sobald Sie beide auf einer Linie liegen, ist es eine lebenslange Partnerschaft. Das entfaltet eine gewaltige Wirkung.

Über welches Detail Ihrer Finanzen sollte ein geliebter Mensch besser im Bilde sein?

» Wieso versteht derjenige das noch nicht? Ist es schwierig, es dem anderen zu vermitteln?

GUTE NEUIGKEITEN ÜBER GELD ANDEREN MITTEILEN

Wenn Sie jemandem etwas Positives oder einen glücklichen Umstand (Sie haben zum Beispiel eine Gehaltserhöhung bekommen) mitteilen wollten, wem würden Sie es zuerst erzählen? Wer würde es als Letzter erfahren?

- ◯ Eltern
- ◯ Partner
- ◯ Geschwister
- ◯ Mitarbeiter
- ◯ Mentor
- ◯ Freund
- ◯ Niemand

» Wieso diese Leute?

____

____

____

____

Wenn Sie 1 Million Dollar verdienen würden, würden Sie es Ihrer Familie und Ihren Freunden erzählen? Wieso oder wieso nicht?

____

____

____

____

____

____

____

DIE PERFEKTE TÄGLICHE ÜBUNG

Einige Paare könnten die nächsten fünf Jahre damit verbringen, ein finanzielles Problem nach dem anderen lösen zu wollen: Ein Partner gibt mehr als der andere aus; der andere spart mehr. Ein Partner will luxuriöse Urlaube; der andere ist mit billigen Hotels zufrieden. Und so weiter und so weiter. Wenn Sie in diesem Dschungel feststecken – das heißt, Sie drehen sich im Kreis bei den stets gleichen Themen, über die Sie schon immer und immer wieder geredet haben –, dann hören Sie auf damit. Verfolgen Sie einen anderen Ansatz.

Ich will, dass Sie sich heute einmal ausmalen, wie Ihr perfekter gemeinsamer Tag aussehen würde, wenn es um Geld geht.

» Würden Sie über Geld reden? Wann? Wie lange?

» Würde einer von Ihnen den anderen überreden müssen, Geld zu sparen? Oder würde es automatisch auf Ihr Sparkonto fließen? Wenn ja, wie viel?

» Würden Sie zum Essen ausgehen? Wie würden Sie entscheiden, was Sie bestellen sollen? Wie viel Trinkgeld würden Sie geben?

» Wofür würden Sie an diesem Tag noch gemeinsam Geld ausgeben?

Gehen Sie diese Fragen mit Ihrem Partner durch, wenn Sie sich damit wohlfühlen. Diese Übung entfaltet mehr Wirkung, wenn Sie auf die Details ach-

ten, also nennen Sie spezifische Einzelheiten. Finden Sie dann einen Bereich, bei dem Sie beide übereinstimmen und den Sie sofort umsetzen können.

Nehmen Sie eine dieser Fragen, um eine Unterhaltung mit einem geliebten Menschen über Geld zu beginnen.

1. Wenn ich an meine Kindheit zurückdenke und daran, welche Rolle Geld dort spielte, erinnere ich mich an ...
2. Wenn ich einen Aspekt auswählen könnte, den ich in meinem Umgang mit Geld verbessern könnte, dann wäre es ...
3. Wenn es um Geld geht, wünschte ich mir manchmal, du würdest Folgendes tun ...
4. Was macht dir Sorgen, wenn es um Geld geht? Was begeistert dich?
5. Wenn wir finanziell erfolgreicher wären, wie würde unser Leben dann aussehen?

Wie ist die Unterhaltung gelaufen?

Wie man ein Geldmuster in der Beziehung verändern kann

Vielleicht neigen Sie dazu, für alles zu zahlen, und es kommt Ihnen vor, als würde das einfach als selbstverständlich angesehen werden. Oder vielleicht haben Sie sich darauf geeinigt, die Kosten zu teilen, aber die Umstände haben sich geändert und Sie wollen diese Abmachung neu verhandeln. Wie immer das Muster aussieht, manchmal müssen Sie eine Veränderung vornehmen. Hier sind drei Dinge, die Sie wissen sollten.

1. **Sie merken normalerweise durch ein einziges Gefühl, dass eine Vereinbarung geändert werden muss: Abneigung.** Was in der Vergangenheit noch Sinn ergeben hat, ergibt heute keinen mehr, und Sie empfinden eine gewisse Abneigung gegen die alten Standards.
2. **Die meisten von uns verspüren lieber diese Abneigung, statt das Thema anzusprechen.** Wieso? Wir wissen nicht, ob wir vielleicht unfair sind. Wir machen uns Sorgen, wie die andere Person reagieren wird, wenn wir nicht über die Fertigkeiten und das Wissen verfügen, das Muster zu ändern.
3. **Sobald sich ein Muster einmal verfestigt hat, ist es sehr schwer, es wieder zu verändern.** Deswegen ist es ideal, gleich von Anfang an alles in die richtigen Bahnen zu lenken.

Die gute Nachricht ist, dass Muster sich verändern lassen. Ich habe das wieder und wieder gesehen. Der Schlüssel dabei ist, dass man das Muster erkennt; sich absolut klar ist, was man erreichen will; und entscheidet, was man tun will – und nicht tun will –, um diese Veränderung herbeizuführen.

Das kann sich etwa folgendermaßen anhören:

»John, wir müssen über etwas reden und es wird schwer werden. Es geht um ein Muster in unserer Beziehung, das mir aufgefallen ist, und ich will deine Hilfe, um es zu verändern. Ich weiß, dass ich all unsere Finanzen regle, aber es ist für mich wichtig, dass du dich auch daran beteiligst. Ich brauche deine Hilfe, jeden Monat unsere Konten zu managen, und ich glaube, wenn wir unser Geld gemeinsam verwalten, werden sich auch unsere Gespräche darüber verbessern. Ich weiß, das wird eine Veränderung sein, aber es ist mir wichtig.«

Um Ihnen dabei zu helfen, sich auf diese Gespräche vorzubereiten, habe ich auf der nächsten Seite eine Tabelle zusammengestellt:

Das Geldmuster, das mich stört:	
Was ich stattdessen will:	
Was ich zu tun bereit bin, um das zu ändern:	
Was ich nicht bereit bin zu tun:	

BEISPIEL

Das Geldmuster, das mich stört:	*Im Moment manage ich all unser Geld, überwache unsere Ausgaben und entscheide, wo wir investieren.*
Was ich stattdessen will:	*Ich will, dass wir beide Monat für Monat daran beteiligt sind. Wir können darüber reden, wer die Investments und Ausgaben managt, aber ich will, dass wir beide dafür Zeit investieren und den anderen auf dem Laufenden halten.*
Was ich zu tun bereit bin, um das zu ändern:	*Ich bin bereit, das Thema anzuschneiden und eine unangenehme Unterhaltung darüber zu führen. Ich bin außerdem bereit zu erklären, wie ich die Ausgaben manage, und nach drei Monaten zu überprüfen, ob wir uns beide mit dieser Veränderung wohlfühlen.*
Was ich nicht bereit bin zu tun:	*Ich bin nicht bereit, der Einzige in dieser Beziehung zu sein, der für unser Geld verantwortlich ist. Ich will einen Partner.*

Wer ist unter allen Menschen, die Sie kennen, Ihr finanzielles Vorbild? Wieso?

Was sind die drei wichtigsten Rollen, die Sie beide in Ihrem Leben spielen und im Leben der Menschen um Sie herum? Wie können Sie Geld einsetzen, um diesen Rollen gerecht zu werden und in jeder davon Ihr Bestes zu geben? (Denken Sie an Rollen wie Tochter/Sohn, Mutter/Vater, Schwester/Bruder, Liebespartner, Angestellter, Freund, Lehrer, Leader, Mentor, Schüler oder andere.)

1 ______________________________

____

____

____

____

2 ______________________________

____

____

____

____

3 ______________________________

____

____

____

____

____

ERSCHAFFEN SIE EIN UNVERGESSLICHES ERLEBNIS

Ich will, dass Sie visualisieren, wie es sich anfühlt, andere bewusst an Ihrem reichen Leben teilhaben zu lassen. Stellen Sie sich vor, Sie hätten ein unbegrenztes Budget, um mit Ihrer Familie etwas Unvergessliches zu erleben. Wohin würden Sie fahren? Was würden Sie mitnehmen? Schreiben Sie Ihren Reiseplan auf.

Anmerkung: Denken Sie daran, dass es um mehr geht als nur Ihre eigenen Wünsche. Wenn Sie zum Beispiel Ihre Eltern mitnehmen, brauchen diese vielleicht mehr Ruhezeiten. Jüngere Kinder brauchen vielleicht Snacks für unterwegs. Erschaffen Sie eine Vision und denken Sie dann darüber nach, wie Sie das zu einer magischen und unvergesslichen Erfahrung für die gesamte Gruppe machen.

MEISTERN SIE IHRE FINANZEN UND BEZIEHUNGEN

SCHLUSSGEDANKEN

Sie brauchen keine Lektion darüber, wie wichtig es ist, mit den geliebten Menschen in Ihrem Leben über Geld zu reden. Was fehlt, ist lediglich das Wie. Die Antwort ist, dass Sie ein reiches Leben erschaffen können, das noch gewaltiger ist, als Sie sich jemals vorgestellt haben, und Sie können das schneller erreichen, wenn Sie bereit sind, einige dieser offenen Unterhaltungen zu führen.

Können Sie sich zum Beispiel vorstellen, Ihrem Partner zu sagen, dass Sie eines Tages einen Sportwagen kaufen wollen – und eine begeisterte Reaktion erhalten? Wie würden Sie sich fühlen, wenn Ihr Partner oder Ihre Partnerin sagen würde: »Das hört sich toll an – kann ich dich dabei irgendwie unterstützen?«

Und an diesen Punkt gelangen Sie folgendermaßen.

Den Anfang bildet eine fundamentale Frage: Ist Ihnen beiden klar, wieso es sich lohnt, diese Unterhaltungen über Geld zu führen? Die meisten Menschen überspringen das einfach.

Als Nächstes sollten Sie verstehen lernen, wieso Sie bestimmte Ansichten über Geld haben. Zum Beispiel: Welche unsichtbaren Einflüsse von Ihrer Familie oder Kultur gibt es, die Ihre Ansicht auf Finanzen geprägt haben? Was ist mit Ihrem Partner?

Sie können noch tiefer bohren. Wer sind die fünf Menschen, mit denen Sie am meisten zusammen sind? Wie haben deren Ansichten über Geld Sie über die Jahre beeinflusst?

Entwerfen Sie schließlich Ihre Vision eines reichen Lebens gemeinsam: »Wenn wir beide absolut an einem Strang ziehen würden, wenn es um unsere Finanzen geht, wie würde sich das anfühlen? Was würden wir häufiger tun? Was würden wir weniger oft tun? Wie würde sich unser Leben von unserem heutigen unterscheiden?«

Ich will, dass Sie das gesamte Fundament neu legen, auf dem Sie über Geld mit den geliebten Menschen in Ihrem Leben sprechen – ob es Ihr Partner ist, ob es Ihre Eltern sind oder Ihre Geschwister. Stellen Sie sich vor, dass Sie von »Was, wenn das Reden über Geld unsere Beziehung negativ beeinflusst« zu

»Was, wenn das Reden über Geld dazu führt, dass wir ehrlicher sagen, was wir wollen? Was, wenn es uns enger zusammenbringt?« gelangen.

Wenn Sie selbstbewusst und kompetent mit Geld umgehen, wird es viel einfacher, mit anderen über Ihre persönlichen Finanzen zu reden. Sie müssen nicht in allem übereinstimmen! Aber wenn Sie bei den Big Wins einer Meinung sind, werden Sie feststellen, dass Sie weniger Zeit mit Streit über Vergangenes verbringen ... und mehr Zeit damit, gemeinsam in die Zukunft zu blicken.

Für den Anfang sollte Ihnen klar sein, dass es keine geheimen Tricks oder Geheimwaffen gibt, damit Ihr Partner Ihre Perspektive versteht. Die einzige Art, wie Sie Ihre Kommunikationsfertigkeiten in diesem Bereich verbessern können, besteht darin, diese Unterhaltungen zu führen.

Werfen Sie einen Blick auf den physischen Raum, in dem diese Unterhaltungen stattfinden. Ist es bei Ihnen zu Hause? In der Öffentlichkeit? Wer ist noch zugegen?

Schlecht: In einem Park, während Ihre Kinder um sie herumrennen.
Gut: Zu Hause (oder in einem vertrauten und angenehmen Setting wie in einem Café), wo Sie und Ihr Partner sich aufeinander konzentrieren können.

Bedenken Sie den Zeitpunkt. Ist es morgens oder abends? Wird es eine halbstündige Unterhaltung oder dehnen Sie sie auf drei Stunden aus? (Mein Rat: Unterhalten Sie sich die ersten paar Male nicht länger als eine Stunde. Beenden Sie das Gespräch mit einem positiven Aspekt, beglückwünschen Sie sich dazu, wie weit Sie gekommen sind und machen Sie an einem anderen Tag weiter.)

Schlecht: Spät am Abend, wenn Sie beide müde sind.
Gut: Nachdem Sie beide einen Kaffee getrunken und einen Happen gegessen haben und sich danach eine Stunde Zeit nehmen für eine gute Unterhaltung.

Bedenken Sie den Rahmen für Ihr Gespräch. Geht es darum, »diesen lästigen Geldkram zu besprechen« oder »gemeinsam ein reiches Leben zu schaffen«?

Schlecht: »Ich sage dir doch schon ewig, du sollst endlich weniger Geld ausgeben. Wieso brauchst du so lange, um endlich auf mich zu hören?«

Gut: »Ich liebe dich und würde gerne mit dir gemeinsam unser reiches Leben aufbauen. Ich habe einige Ideen, aber ich will auch deine hören. Es ist wirklich wichtig für mich, dass wir das gemeinsam tun.«

Sie sollten auf überraschende Reaktionen vorbereitet sein. Die häufigste Reaktion ist Verwunderung. »Ein reiches Leben? Wir müssen doch Rechnungen bezahlen!«

Gehen Sie davon aus, dass Sie sich im Dschungel der Logistik verirren könnten. »Gut. Ich bezahle unsere Rechnungen und du übernimmst die Einkäufe. Das Problem ist, wenn ich für uns beide einkaufe, bist du immer verärgert, wie viel ich ausgegeben habe. *Du* willst also nur das Sagen haben, aber *ich* soll die ganze Arbeit machen. Ist es das, was du willst?« Rechnen Sie mit so etwas und lenken Sie die Unterhaltung wieder auf Ihr reiches Leben: »Wir können uns gleich den Einzelheiten widmen, aber ich will erst noch etwas Brainstorming betreiben. Ich will wirklich wissen, wie *dein* reiches Leben aussieht und wie reiches Leben aussehen könnte.«

Gehen Sie offen mit Ihren eigenen Schwächen um. Bei Ihrer ersten Unterhaltung geht es nicht darum, Ihren Partner oder Ihre Partnerin für irgendetwas zu beschuldigen. Stattdessen sollten Sie zuerst darüber reden, wieso Sie dieses Thema jetzt ansprechen wollen. Gehen Sie mit gutem Beispiel voran, indem Sie Ihre eigenen Gefühle eingestehen – sind Sie nervös, ängstlich, aufgeregt? Und bitten Sie dann behutsam den anderen, ebenfalls seine Gefühle mitzuteilen.

Vor allem sollten Sie nicht warten. Sie haben alles, was Sie brauchen, um jetzt eine Unterhaltung über Geld zu führen.

7

STEIGERN SIE IHR GELD-SELBSTBEWUSSTSEIN

Stellen Sie sich vor, Sie gehen mit ein paar alten Freunden Essen und nehmen sich dafür gemütlich Zeit. Als Sie zu Ihrem Wagen zurückkommen, sehen Sie etwas unter Ihrem Scheibenwischer: einen Strafzettel über 68 Dollar.

Wie würden Sie reagieren?

Das ist mir passiert, nachdem ich erst ein paar Wochen in Los Angeles gewohnt hatte. Als ich den Strafzettel sah, blieb ich stehen und mir wurde klar, dass das ein besonderer Moment war: »Mein erster Strafzettel – jetzt wohne ich *tatsächlich* in L.A.«

Jahre früher hätte mir so etwas allerdings den gesamten Tag verdorben. »Was? Ich war doch nicht einmal fünf Minuten länger weg, als auf dem Parkschein stand! Wie können die so was tun? Verdammt, das ist unfair.« Diese Reaktion ist mit etwas aufgeladen, das ich »heiße« Emotionen nenne, wie Wut, Unglauben und Schuld. Aber nachdem ich einige Zeit an meinem Selbstvertrauen im Umgang mit Geld gearbeitet hatte, lernte ich, wie man diese Reaktionen transformiert und sich dabei ruhig und gelassen fühlt. Heute sage ich vielleicht: »Es ist passiert, es war mein Fehler und ich kann dafür bezahlen.« Das ist alles! Kein Drama, keine Wut, einfach über solch unbedeutende finanzielle Situationen hinweggehen.

Ich nenne das »abkühlen lassen«. Es ist eine wirkungsvolle Einstellung, die Sie auf alle schwierigen Bereiche des Lebens übertragen können – besonders, wenn es um Geld geht.

Hier ein weiteres Beispiel: Stellen Sie sich vor, dass Sie mit Freunden zum Abendessen gehen. Irgendjemand bestellt zusätzliche Vorspeisen und eine Flasche Wein für 100 Dollar, von der Sie nicht einmal getrunken haben – aber alle hatten geplant, die Rechnung zu teilen.

- **Heiß:** Sie flippen aus. »Oh, mein Gott, so etwas mache ich nie wieder.« Sie denken die ganze Nacht darüber nach, sind wütend auf Ihre Freunde und regen sich am nächsten Tag auf Reddit darüber auf, was ich dann voller Schadenfreude lese unter /r/BinIchEinIdiot, während ich dabei an meiner Tasse Frühstückskaffee nippe.
- **Kühl:** Sie zucken mit den Achseln und sind dankbar, welch lustiger Abend es war. Vielleicht haben Sie bereits für »unerwartete Ausgaben« gespart und können es sich leisten, großzügig zu sein. Oder Sie

melden sich zu Wort und bitten um eine separate Rechnung – ist ja keine große Sache. Es liegt an Ihnen. Aber, Sie bleiben völlig ruhig und strahlen Selbstvertrauen aus.

Kühles Selbstvertrauen bedeutet, Sie können mit jeder finanziellen Situation umgehen, die das Leben Ihnen vorsetzt. Also, wie erreichen Sie diese Ebene der Abgeklärtheit? Es funktioniert nicht, indem man sich selbst gut zuredet oder sich »in eine Power-Pose« wirft. Wie Sie wissen, kaufe ich keine Motivationsposter, auf denen steht, »Du bist genug« oder »Einfach atmen«, um sie in meiner Küche aufzuhängen.

Wissen Sie, was mein Selbstvertrauen in Bezug auf Geld steigerte? Zu lernen, wie man damit umgeht.

- Ich betrachtete die nackten Zahlen, damit ich wusste, wie viel ich verdiente, wie viel ich ausgab und wie viel ich sparte und investierte.
- Ich veränderte meinen Umgang mit Geld. Ich richtete automatisierte Geldströme ein, damit mein Geld investiert wurde, ohne dass ich etwas tun musste.
- Ich gab mehr Geld für die Dinge aus, die ich liebte, und weniger für die Dinge, die ich nicht liebte.
- Ich machte mir keine Sorgen mehr über kleine Ausgaben und legte ein Limit fest, unterhalb dessen ich mir keine Gedanken machen musste (darüber werden Sie mehr auf Seite 172 erfahren).
- Ich freundete mich mit der Idee an, Fehler zu machen; akzeptierte, dass sie unvermeidbar waren und machte mir klar, dass ich mich davon wieder erholen würde.

Wir sollten uns über eine offensichtliche Wahrheit im Klaren sein: Es ist viel einfacher, Selbstvertrauen im Umgang mit Geld zu zeigen, wenn man genug davon hat. Deswegen schrieb ich überhaupt *Ich zeige dir, wie du reich wirst*!

Aber ich kann Ihnen sagen, einfach nur mehr Geld anzuhäufen wird nichts daran ändern, welche *Gefühle* Sie damit verbinden. Ich kenne viele, viele Multimillionäre, die immer noch von »heißen« Emotionen verzehrt werden, wenn es um ihr Geld geht, wie etwa Schuld, Neid, Wut und Scham.

Ich halte das für eine Tragödie. Wieso? Weil ein reiches Leben außerhalb einer reinen Kostenaufstellung stattfindet. Über das Geldverdienen und Investieren hinaus müssen Sie auch genug Selbstvertrauen haben, um cool zu bleiben und dieses Geld einzusetzen, um Ihr reiches Leben zu erschaffen.

Selbstvertrauen, wenn es um Geld geht, besteht darin zu wissen, dass ein 68-Dollar-Strafzettel Sie nicht ruinieren wird. Und man sollte wissen, dass man manchmal einfach die Klappe hält und mit einem Lächeln das Abendessen bezahlt, weil man ein guter Freund ist. Und es geht darum, dass man Selbstvertrauen durch Kompetenz gewinnt. Ohne dieses Selbstvertrauen im Umgang mit Geld können Sie zwar auch Ihren Kontostand erhöhen, aber Sie werden dabei immer ein Gefühl des Mangels empfinden.

Mein Trainer hat einmal zu mir gesagt, dass er mir ermöglichen will, in jedes Fitnessstudio gehen zu können und jede erdenkliche Übung dort ausführen zu können. Ich will für Sie dasselbe leisten, wenn es um Geld geht: Ich will, dass Sie so viel Selbstvertrauen im Umgang mit Ihrem Geld haben, dass Sie mit allem klarkommen, was das Leben für Sie bereithält.

Beschreiben Sie eine Zeit im letzten Jahr, als Sie ausgelaugt, nervös oder ängstlich wegen Geld waren. Stellen Sie sich jetzt vor, Selbstvertrauen zu haben und Kompetenz. Wie würden Sie heute Ihre Gefühle von »heiß« zu »kühl« ändern und mit der gleichen Situation anders umgehen?

»WIESO ICH EINE GEHALTSERHÖHUNG VERDIENT HABE.«

Die meisten von uns sind gut darin, sich Gründe auszudenken, wieso man *nicht* um eine Gehaltserhöhung bitten sollte. Drehen wir einmal den Spieß um: Schreiben Sie fünf Gründe auf, wieso Sie mehr Bezahlung für Ihre Arbeit verdient haben. (Wenn Sie selbstständig sind oder Unternehmer, übernehmen Sie das für Ihre Preisstruktur.) Seien Sie spezifisch, indem Sie Resultate nennen, die Sie erzielt haben und Gehaltsinformationen im freien Wettbewerb, die Sie online gefunden haben.

1 ______________________________

____

____

2 ______________________________

____

____

3 ______________________________

____

____

4 ______________________________

____

____

5 ______________________________

____

____

Was ist Ihr »Worst-Case-Szenario«, wenn es um Geld geht? Was ist Ihr »Best-Case-Szenario«? Achten Sie auf die Unterschiede zwischen diesen beiden. Über welches Szenario denken Sie normalerweise häufiger nach?

____

____

____

____

____

____

____

____

____

Überraschend selbstbewusst mit 550 000 Dollar Schulden

In meinem Podcast wurde ich von einem Paar angenehm überrascht, das jede Menge Schulden hatte. Sie strahlten mehr Selbstvertrauen aus als die meisten anderen Paare, mit denen ich mich unterhalte, selbst diejenigen, die nur einen Bruchteil dieses Betrags an Schulden haben.

Sie hatten gute Jobs, einen Plan, um die Schulden zurückzuzahlen, und als ich sie nach ihrem reichen Leben fragte, drehte sich ein Großteil ihrer Antworten darum, wie sehr sie ihren Partner liebten.

Ich fand das inspirierend. Dieses Paar, das mehr als eine halbe Million Dollar Schulden hatte, war dennoch ruhig, zuversichtlich und gefestigt in seiner Beziehung. Das verdeutlicht, dass der Betrag an Schulden, den man hat, zwar eine große Rolle spielt, wir aber dennoch die Kontrolle darüber haben, wie wir emotional auf unsere finanzielle Situation reagieren.

Denken Sie an eine finanzielle Situation vor nicht allzu langer Zeit zurück, als Sie sehr defensiv mit Geld umgegangen sind. (Vielleicht versuchten Sie, vom Standpunkt des Mangels aus eine Entscheidung zu treffen oder Sie haben Ihre Wünsche hintangestellt.) Wenn Sie in der Zeit zurückreisen könnten und offensiv spielen, was würden Sie anders machen?

____

____

____

____

____

____

____

Defensiv oder offensiv spielen

So viele von uns sind daran gewöhnt, sich über Geld Sorgen zu machen, dass wir unser gesamtes Leben damit verbringen, defensiv zu spielen. Wir haben sogar die Fertigkeiten eingebüßt, überhaupt zu wissen, was es bedeutet, offensiv zu spielen.

Defensive	Offensive
»Wie kann ich 100 Dollar sparen?«	»Wie kann ich über eine Gehaltserhöhung verhandeln?«
»Was, wenn ich Geld beim Investieren verliere?«	»Ich verliere bereits jeden Tag Geld, weil ich *nicht* investiere. Ich werde mich darüber informieren und mit dem Investieren anfangen.«
»Was, wenn dieses Buch Geldverschwendung ist?«	»Was, wenn es mein Leben verändert?«
»Was, wenn meine Geschäftsidee nicht funktioniert?«	»Was, wenn sie DOCH funktioniert?«

Entfernen Sie die Blockade, die Sie von Ihrem reichen Leben fernhält

Eine Leserin hat mir neulich einige Nachrichten auf Instagram geschickt und gefragt, ob Sie die USAA Bank nutzen sollte. (Solche Fragen erhalte ich in diversen Variationen jeden Tag.) Als ich Zeit hatte zu antworten, fragte ich sie, für wie wichtig sie diese Frage auf einer Skala von 1 bis 10 hielt. Sie gab zu, es sei eine 3.

Dann fragte ich sie, wieso ihre Nachrichten darüber so dringlich gewirkt hatten. Ihre Antwort war: »Nun, es scheint ein Teil des Fundaments zu sein, auf dem ich mein reiches Leben aufbauen will.«

Ich kann verstehen, wieso sie das geglaubt hat. Manchmal haben wir das Gefühl, wir könnten nicht vorankommen, wenn wir keine Antwort auf eine bestimmte finanzielle Frage haben, ob es darum geht, die richtige Bank auszuwählen, ob man seinen Kreditkartenschulden die richtige Priorität einräumt oder ob man das perfekte Investment macht. In der Realität ist es jedoch so, dass ein einzelnes Hindernis sie blockierte – und das für Wochen. So lange sollte einen *keine* Frage lähmen.

Und in diesem Beispiel war es etwas so Unwichtiges wie ihr Bankkonto! USAA ist völlig in Ordnung! Was kann schon schlimmstenfalls passieren? Sie wählen das falsche Konto für sich aus und ändern es ein halbes Jahr später? Leisten Sie einfach 85 Prozent der Vorarbeit, wählen Sie etwas aus und lassen Sie die Frage hinter sich.

» Was hat Sie bisher davon abgehalten, Ihr reiches Leben zu gestalten?

____

____

» Was könnten Sie bis Ende der Woche tun, um 85 Prozent des Weges zurückzulegen, eine Entscheidung zu treffen und dann die Frage einfach hinter sich zu lassen?

____

____

Wählen Sie nun einen Bereich aus – der für Sie am wichtigsten und bedeutungsvollsten ist – und gehen Sie mehr ins Detail, wie Sie Ihre Blockade überwinden könnten und bei einer bestimmten Frage zu Klarheit gelangen. Seien Sie spezifisch, wenn es um Tage und Uhrzeiten geht, zu denen Sie diese Frage innerhalb der nächsten zwei Wochen beantworten können.

Woche 1

MONTAG	
DIENSTAG	
MITTWOCH	
DONNERSTAG	
FREITAG	
SAMSTAG	
SONNTAG	

Wenn Sie sich zum Beispiel nicht sicher sind, wie viel Schulden Sie haben, könnten Sie sich am Samstagmorgen zwei Stunden Zeit nehmen, um die Unterlagen für Ihren Studienkredit zu suchen und jemanden anrufen, um herauszufinden, wie viel Sie bereits zurückgezahlt haben.

Woche 2

MONTAG	
DIENSTAG	
MITTWOCH	
DONNERSTAG	
FREITAG	
SAMSTAG	
SONNTAG	

Eine Zahl, bei der Sie sich keine Sorgen machen

Haben Sie sich je über den Preis einer Packung Kaugummi Gedanken gemacht? Natürlich nicht. Die Kosten sind so unbedeutend, dass es keinen Einfluss auf Sie haben wird.

Das ist die Wirkung der »Sorgenfreien Zahl« oder einer Zahl, die so klein ist, dass es sich nicht einmal lohnt, sich darüber Gedanken zu machen. Wir können dieses Konzept nutzen, um unseren Fokus besser auf bestimmte Dinge zu richten.

Das Kaugummibeispiel ist dabei sinnvoll, egal, in welchem Zustand Ihre Finanzen sind. 2 Dollar für eine Packung Kaugummi? Wen interessiert's? Aber wenn unsere Finanzen wachsen, vergessen wir oft, diese sorgenfreie Zahl zu erhöhen. Ich rede dabei von den vielen Millionären, die sich immer noch Gedanken machen, wie viel ein zweites Paar Kopfhörer kostet oder eine gute Webcam für ihr Homeoffice. Im Verhältnis zu ihrem Einkommen betrachtet, kosten diese Kopfhörer dasselbe wie für andere ein Päckchen Kaugummi.

Indem man eine sorgenfreie Zahl wählt, befreit man sich von diesen kleinen Sorgen, damit man sich auf das konzentrieren kann, was wirklich wichtig ist. Diese Zahl könnte 5 Dollar, 50 Dollar oder sogar 5000 Dollar sein.

Zum Beispiel:

» Wenn es 5 Dollar sind, brauchen Sie sich keine Sorgen um den Preis eines Latte macchiato zu machen.

» Wenn es 50 Dollar sind, brauchen Sie sich keine Gedanken zu machen, wenn Sie ein Uber zum Flughafen nehmen.

» Wenn es 5000 Dollar sind, werden Sie keine zwei Gedanken daran verschwenden, ob Sie bei Ihrer nächsten Reise in der ersten Klasse fliegen sollten.

Eine gute Faustregel für Ihre sorgenfreie Zahl ist, wie viel Sie in einer Stunde verdienen. Um das auszurechnen, nehmen Sie Ihr jährliches Einkommen, teilen es durch zwei und streichen drei Nullen weg. Wenn Ihr jährliches Einkommen 60 000 Dollar beträgt, verdienen Sie 30 Dollar in der Stunde:

60 000 Dollar ÷ 2 = 30 000 Dollar oder 30 Dollar/Stunde.

Das ist der Grundbetrag für Ihre sorgenfreie Zahl. Passen Sie diese je nach Bedarf an.

Wie viel Geld müssten Sie auf dem Konto haben, um aufzuhören, sich um Geld Sorgen zu machen? Wieso diese Zahl? (Das ist eine gute Gelegenheit, um die Technik der »Fünf Warums« von Seite 40 einzuüben.) Wenn Ihre Zahl zum Beispiel 1 Million Dollar ist, stellen Sie sich die Frage warum und wiederholen Sie die Übung. Dieser Prozess wird Ihnen helfen, ein tieferes Verständnis Ihrer Gefühle in Bezug auf Geld zu erlangen.

____

____

____

____

____

____

____

____

____

____

NUTZEN SIE IHRE SORGENFREIE ZAHL

»Meine sorgenfreie Zahl ist ____________, was bedeutet, dass ich mir nie mehr Sorgen darüber machen werde,

(1) ______________________________,

(2) ______________________________ und

(3) ______________________________

zu kaufen.«

In welchem Bereich Ihrer Finanzen haben Sie darauf gewartet, dass jemand Sie rettet, obwohl Sie nun besser selbst die Kontrolle darüber übernehmen sollten? Was hat Sie davon abgehalten, bisher die Kontrolle darüber zu übernehmen und wie können Sie das Skript umdrehen?

Beispiele

- »Ich sollte um eine Gehaltserhöhung bitten und nicht darauf warten, bis mein Chef mir eine gibt.«
- »Ich sollte die Zahlen durchrechnen, ob ich lieber eine Immobilie kaufen oder mieten sollte, und nicht nur einfach auf den Rat anderer hören.«
- »Ich sollte lernen, wie man investiert und nicht darauf warten, dass es mein Partner für mich tut.«

»Selbstvertrauen entsteht aus Kompetenz.«

Denken Sie an eine Ausgabe, die Sie im Moment haben. Führen Sie ein Reframing durch und machen Sie aus einer Pflicht, »Oh, Mann, ich muss

____ kaufen«, eine Übung in Wertschätzung, »Ich bin dankbar dafür, dass ich das kaufen

kann, weil ____

____

____

____

____

____

____

____.«

FÜLLEN SIE DIE LEERSTELLE

»Wenn es um Geld geht, konnte ich nie gut ____________________

____.«

Was können Sie tun, um mehr über dieses Thema zu lernen?

____

____

____

____

____

Denken Sie an jemanden, den Sie beneiden, weil er eine besondere Beziehung zu Geld hat (zum Beispiel besonders großzügig ist, gerne feiert oder wunderschöne Kleidung trägt). Das kann jemand sein, den Sie kennen, oder, wenn Ihnen niemand einfällt, wählen Sie einen Prominenten oder vielleicht sogar eine Figur aus dem Fernsehen.

Wen Sie bewundern	
Die Qualitäten, die Sie an demjenigen bewundern	
Wie Sie diese Qualitäten auf Ihr Leben anwenden könnten	

Drei Merkmale, dass jemand finanziell gewieft ist

1. Sie kennen ihre Zahlen aus dem Effeff: Sparrate, Asset-Allokation, das Datum, zu dem sie schuldenfrei sind, bestimmte finanzielle Ziele.
2. Sie geben oft auf kreative, vielleicht sogar extravagante Weise Geld für die Dinge aus, die sie lieben. Sie sind keine Pfennigfuchser. Sie haben fundierte Ansichten über Geld, die zu ihrem Leben passen.
3. Sie arbeiten aktiv daran, ihre Geldpsychologie zu verbessern.

Vergleichen wir einmal auf spielerische Weise ein geringes Selbstvertrauen mit einem hohen Selbstvertrauen, wenn es um Finanzielles geht. Wie würde der jeweilige Typ auf die folgenden Situationen reagieren?

	Person mit geringem Selbstvertrauen	**Person mit hohem Selbstvertrauen**
Sie sind im Urlaub und handeln sich eine Lebensmittelvergiftung ein, was bedeutet, dass Sie nicht alle Punkte auf Ihrer Reiseliste besuchen können.		
Sie stellen fest, dass Sie mehr Geld auf dem Konto haben, als Sie dachten.		
Ihr Auto braucht plötzlich neue Reifen und es wird 750 Dollar kosten.		
Sie ernten Anerkennung im Beruf, weil Sie großartige Arbeit leisten, und erhalten unerwarteterweise eine große Gehaltserhöhung.		
Ihre Eltern sind schockiert über etwas Neues, das Sie für Ihr Haus gekauft haben und sagen: »*So viel* hast du ausgegeben? Das ist lächerlich.«		

»Das Leben ist kein Disneyfilm – niemand kommt, um uns zu retten. Wenn wir diese harte Wahrheit endlich verinnerlicht haben, können wir damit beginnen, unser Selbstvertrauen zu stärken und die Kontrolle über unser Leben zu übernehmen.«

Gestalten Sie Ihre persönliche Checkliste, um Selbstvertrauen in Gelddingen zu gewinnen. Im Folgenden die ersten fünf Fragen, die Sie beantworten können sollten:

1. Wie viel Schulden habe ich? ______________________________

2. Wie viel Geld verdiene ich? ______________________________

3. Welchen Prozentsatz spare und investiere ich? ________________

4. Wofür will ich MEHR und wofür WENIGER ausgeben?

____

____

____

____

____

____

5. Wie lauten meine unsichtbaren Skripte über Geld? (Werfen Sie einen Blick auf Seite 55, wo Sie bereits einige davon aufgelistet haben.) Wie beeinflussen diese mein Selbstvertrauen?

____

____

____

____

____

____

Sobald Sie diese Fragen beantwortet haben, sollten Sie als Nächstes daran arbeiten, diese fünf Fragen zu beantworten:

1. Wann habe ich meine Schulden getilgt? (Wenn Sie nicht sicher sind, sollten Sie online nach einer Seite suchen, auf der man diesen Betrag ausrechnen kann.) ______
2. Wann werde ich 100 000 Dollar oder 1 Million besitzen? ______
3. Wann werden meine Investitionen mehr Einkommen generieren als mein Gehalt? (Dafür können Sie einen »Online-Zinseszins-Rechner« verwenden.)

   ______

4. Welche meiner Geldglaubenssätze haben sich in den letzten fünf Jahren geändert?

______

______

______

______

______

______

5. Wie kann ich meine Geldregler anpassen, um mein Selbstvertrauen zu steigern?

______

______

______

______

______

STEIGERN SIE IHR GELD-SELBSTBEWUSSTSEIN
SCHLUSSGEDANKEN

Denken Sie an das letzte Mal, als Sie mit einer kleinen Unannehmlichkeit zu tun hatten, die nicht mit Geld in Zusammenhang stand. Sagen wir, Sie haben zum Beispiel Ihren Kaffee auf dem Boden verschüttet. Was ist als Nächstes passiert?

Nichts! Sie haben die Pfütze mit Papierküchentüchern aufgewischt und sind weiter Ihrem Tagesablauf nachgegangen. Keine große Sache. Sie waren selbstbewusst genug zu wissen, was zu tun ist, und Sie haben es getan und nicht weiter darüber nachgedacht.

Mein Ziel ist es, dass Sie ebenfalls diese Ebene des Selbstvertrauens in Bezug auf Ihr Geld erreichen – sich sicher fühlen, dass Sie damit umgehen können, wenn mal etwas schiefgeht. (Kaffee zu verschütten ist keine existenzielle Krise. Genauso wenig wie sich über eine kleinere finanzielle Entscheidung Sorgen zu machen.) Mit Selbstvertrauen sind Sie in der Lage, Geld als eine Quelle von Freude, Abenteuer und Möglichkeiten anzusehen.

Um das zu erreichen haben wir in diesem Kapitel zuerst über Ihre eigene Psychologie gesprochen: Sie haben darüber nachgedacht, welche finanziellen Szenarios bei ihnen »heiße« oder »kühle« Emotionen auslösen. Sie haben sich angesehen, wie defensiv oder offensiv mit Geld umzugehen Ihr Selbstvertrauen beeinflusst. Und Sie haben aufgeschrieben, wie Sie sich bei künftigen finanziellen Situationen fühlen wollen.

Dieser Prozess ist genau das, was auch Top-Performer tun. Sie planen, bevor es nötig ist. Sie visualisieren verschiedene Szenarien und nutzen ein mentales Rollenspiel, um sich zu überlegen, wie sie darauf reagieren wollen. Und das gibt ihnen die Möglichkeit, die Richtung ihres Lebens zu bestimmen – nicht nur einfach auf das zu reagieren, was ihnen zustößt.

Wir beendeten diesen Abschnitt damit, einen Blick darauf zu werfen, wie Selbstvertrauen aus Kompetenz erwächst. Sie sollten Ihre Zahlen kennen. Sie sollten über Ihr finanzielles Fundament Bescheid wissen. Wie viel verdienen Sie und wie viel Schulden haben Sie? Wie viel sparen Sie? Wie sind Ihre Assets alloziert?

Es ist normal, dass man sich über einige dieser finanziellen Bereiche unsicher ist. Manche Menschen verstehen wenig von Steuern. Andere fragen sich nervös, ob ihr Geld ausreicht. Das ist in Ordnung! Ich habe Sie gebeten, es aufzuschreiben und dann einen Plan zu erstellen, wie Sie mehr darüber lernen können. Auf die Antworten auf alle diese Fragen gehe ich in meinem Newsletter unter *iwt.com* ein. Oder fragen Sie einen Freund, der sich besser auskennt. Was immer erforderlich ist, ich will, dass Sie innerhalb der nächsten zwei Wochen eine Antwort auf Ihre wichtigsten finanziellen Fragen finden. Sachen rasch anzugehen stärkt Ihr Selbstvertrauen!

Also, ich will, dass Sie nun Folgendes tun: Holen Sie Ihr Handy heraus. Suchen Sie drei enge Freunde aus, denen Sie einen Text schreiben können. (Machen Sie das gleich! Es wird nur 30 Sekunden dauern.) Senden Sie ihnen folgende Nachricht: »Ich führe gerade ein Experiment durch. Was glaubst du, worin ich gut bin? Wegen was würdest du mich um Rat fragen?«

Schreiben Sie auf, was Ihre Freunde sagen. Wie verändert das Ihr Selbstbewusstsein in diesen Bereichen? Es mag sich komisch anfühlen, aber in fast 100 Prozent der Fälle waren die Menschen von den Antworten überrascht, wenn sie dieses Experiment durchführten.

» Das Erste, was ich zu hören kriege, ist, wie unangenehm es ist, andere um ihren Input zu bitten. Wir sind so nervös, wenn wir jemanden um etwas bitten, egal was – weil wir ihre Zeit verschwenden –, wir merken nicht einmal, *dass unsere Freunde uns helfen wollen.*

» Als Nächstes sind die meisten Leute schockiert, dass ihre Freunde überhaupt reagieren. Bei einer solch ungewöhnlichen Frage erwarten viele von uns, einfach ignoriert zu werden! Aber die Antworten unserer Freunde zeigen uns, wie wichtig wir ihnen sind.

» Die meisten Menschen erhalten eine Antwort oder zwei, die ihnen bereits bekannt war. Aber oft gibt es auch unerwartete Antworten, wie: »Du hast mir einmal einen Rat über meine Beziehung gegeben, der bei mir Eindruck gemacht hat ... das werde ich nie vergessen.«

Was man daraus lernen kann, ist direkt relevant, um Ihr finanzielles Selbstvertrauen aufzubauen. So viele unserer unsichtbaren Skripte (»Sie ist immer so beschäftigt ... ich will nicht ihre Zeit verschwenden«) stimmen einfach nicht. Indem man sie hinterfragt, kann man zwischen dem unterscheiden, was man nur glaubt und was real ist.

Denken Sie daran, dass wir das nicht allein tun müssen. Wir haben so viele Ressourcen, die uns helfen können, inklusive Freunde und Partner oder Familie, Bücher und Seminare. Nutzen Sie diese! Um Hilfe zu bitten ist ein Zeichen von Stärke, nicht von Schwäche.

Selbstvertrauen entsteht daraus, sich klar zu werden, dass die Storys, die wir uns selbst erzählen, sich oft von dem unterscheiden, was der Rest der Welt wahrnimmt. Wir glauben vielleicht, dass Reiche böse Menschen sind ... aber wenn Sie sich mit einem reichen Menschen unterhalten, den Sie bewundern, und ihn fragen, wie er so erfolgreich wurde, stellen Sie vielleicht fest, dass Sie denjenigen gut leiden können. Ändern Sie Ihre Einstellung von Geringschätzung zu Neugier.

Ja – Sie können mehr Selbstvertrauen in Gelddingen entwickeln. Tatsächlich sollten Sie eine Sekunde innehalten und sich klarmachen, wie viel Sie schon durch diese Übungen erreicht haben und dem die entsprechende Wertschätzung entgegenbringen. Sie haben einen gewaltigen Berg erklommen, in Form Ihrer eigenen psychologischen Voraussetzungen. Sehen Sie sich um und genießen Sie die Aussicht. Sie haben es geschafft! Rechnen Sie sich das als Sieg an!

Sie haben bereits Ihr reiches Leben entworfen, haben Ihre Geldglaubenssätze neu ausgerichtet und Ihre eigenen finanziellen Regeln gestaltet. Sie wissen, wie man mit Geldsituationen umgeht, an die Sie sich vor vielleicht nicht einmal einer Woche nicht herangewagt hätten. Das ist Selbstvertrauen!

Lassen Sie uns weiterklettern.

8

BEREICHERN SIE IHR REICHES LEBEN

Denken Sie an einen besonderen Anlass, der dieses Jahr bevorsteht, wie ein Hochzeitstag oder Geburtstag. Stellen Sie sich nun vor, ich würde Ihnen eine Challenge stellen: *Wie könnten Sie diesen Tag noch zauberhafter gestalten?* Zum Beispiel nicht nur »nett« essen gehen – sondern das Essen zu einem unglaublichen Erlebnis machen. Nicht nur die normale Geburtstagsfeier – sondern einen außergewöhnlichen Abend gestalten, den Sie niemals vergessen werden.

Was würden Sie anders machen?

In diesem Abschnitt werden wir darüber reden, wie man seine Träume *größer* träumt und Geld nutzt, um unvergessliche, bedeutende und zauberhafte Erinnerungen zu schaffen.

Das ist wichtig. Ich will, dass Sie genau wissen, wie Sie Ihr Geld ausgeben wollen, während es sich vermehrt, bis hin zu einem bestimmten Hotel, in dem Sie übernachten wollen oder dem unerwartet großzügigen Betrag, den Sie an eine örtliche Wohlfahrtseinrichtung spenden. Ich will, dass Sie sich bildlich vorstellen, wie es sich anfühlen wird, Ihrem Kellner oder Ihrer Kellnerin 30 Prozent Trinkgeld zu geben – oder sogar 100 Prozent! Sich so intensiv mit den Details zu beschäftigen ist ein Schlüsselaspekt, der ein reiches Leben lebenswert macht. Sie werden sehen, wie die Puzzlestücke Ihres reichen Lebens sich ineinanderfügen.

Nach unserer Hochzeit haben meine Frau und ich eine lange Hochzeitsreise gemacht. Am letzten Tag sagte sie mir etwas, das ich nie vergessen werde. »Normalerweise wäre ich am Ende einer solchen Reise traurig«, sagte sie. »Aber ich weiß, dass wir immer wieder hierher zurückkehren können.«

Das nenne ich Überfluss. Wenn wir reisen, müssen wir es nicht schaffen, alles zu sehen und zu tun, was auf unserem Reiseplan steht, denn wir wissen, dass wir noch einen weiteren Tag oder zwei bleiben können, wenn wir wollen – oder einfach im nächsten Jahr wieder hinfahren.

Dieser Abschnitt ist für mich eine persönliche Angelegenheit aufgrund eines Erlebnisses in meiner Kindheit. In meiner Kindheit gab es besondere Orte, an denen ich das Gefühl hatte, zu Hause zu sein, wie unseren Tempel und die örtliche Pizzeria in der Nachbarschaft. Aber es gab noch andere Orte – wie teure Bekleidungsgeschäfte, Luxushotels und das vordere Abteil in einem Flugzeug –, von denen ich wusste, dass sie nicht für mich oder meine Familie bestimmt waren.

Als ich älter wurde, stellte ich mir die Frage, welche Menschen in diesen Geschäften einkaufen gingen. Wieso verlangte ein bestimmtes Restaurant zehnmal mehr für eine Mahlzeit als unsere örtliche Pizzeria? Was könnte jemals *so viel Geld* wert sein?

In der Rückschau merke ich, ich wollte immer wissen, was die Besten der Welt antreibt, wie Topathleten, Wissenschaftler, die den Nobelpreis gewinnen, und Menschen, die Mitglied einer militärischen Spezialeinheit werden. Aber meine Neugier war auch einem Wettkampfgeist geschuldet: Wenn jemand anderes es sich leisten konnte, dorthin zu gelangen, wollte ich wissen, wie *ich* das auch schaffen konnte.

Bei Geld kann dieses Gefühl der Neugier einem die Augen für viele neue Chancen öffnen. Ja, es gibt Menschen, die einen enormen Betrag für Kleidung ausgeben oder für Autos oder Reisen. Gut! Versuchen wir zu verstehen, wieso sie das tun. Das bedeutet nicht, dass wir mit ihnen übereinstimmen müssen, aber nehmen wir zuerst einmal an, dass sie gute Entscheidungen treffen. Was wissen diese Leute, was wir nicht wissen?

Die Fähigkeit, neue Chancen zu sehen, kann einen tiefreichenden Einfluss auf Ihr Leben haben. Eine meiner Leserinnen schickte mir eine Nachricht darüber, sich die eigene Zeit zurückzukaufen:

»Ich habe jemanden, der zu mir nach Hause kommt und alle Mahlzeiten für die gesamte Woche vorbereitet. Dafür braucht sie zwei bis drei Stunden, sowie eine Stunde für die Essensplanung. Ich SPARE dadurch tatsächlich Geld, dass sie zu mir nach Hause kommt und in meiner Küche das Essen vorbereitet, denn vorher habe ich oft zu viel gearbeitet und wurde »hangry« und bestellte mir drei bis vier Abende die Woche Essen nach Hause. Ich dachte, ein eigener Koch wäre etwas für Ultrareiche. Aber es stellte sich heraus, es war billiger als Lieferando. Und gesünder.«

Hier das Wichtigste, was Sie aus diesem Beispiel lernen können. Sie war in der Lage, ihre Identität zu ändern und zu »der Art Person zu werden, die so etwas tut«.

Machen Sie sich keine Sorgen, wenn Sie sich einige Ihrer Träume heute noch nicht leisten können. Meiner Erfahrung nach werden Sie es umso mehr zu schätzen wissen, wenn Sie eines Tages das erreichen, was Sie mithilfe einer deutlichen Vision Ihres reichen Lebens kreiert haben, und dann geduldig und fokussiert darauf sparen.

Mit der Zeit habe ich viele der Dinge erleben können, die mich als Kind interessiert hatten. Ich übernachtete in schönen Hotels und aß in tollen Restaurants. Einige davon waren gar nicht so besonders – ich probierte sie aus, aber muss nicht wieder dorthin gehen. Andere waren sehr bedeutungsvolle Erfahrungen und ich verstehe jetzt, wieso jemand so viel für dieses Erlebnis bezahlen würde. Mein Wunsch für Sie ist es, diese Träume so toll zu gestalten, dass Sie auch die Chance haben, diese bedeutungsvollen Momente in Ihrem Leben zu erleben. Dann können Sie entscheiden.

Es ist also nun an Ihnen, in größerem Maßstab zu denken. Sie haben sich bereits Ihre Visionen erträumt und aufgeschrieben – was kommt als Nächstes?

Denken Sie über Vorspeisen hinaus. Was wäre, wenn Sie nicht den gleichen Sommerurlaub machen wie jedes Jahr, sondern vier Freunde einladen? Was, wenn Sie nicht nur einmal im Jahr an Ihre örtliche Obdachlosenunterkunft spenden, sondern jeden Monat?

Wenn Ihre erste Reaktion lautete: »Das geht auf keinen Fall«, will ich Sie dazu ermutigen, die Lektüre zu unterbrechen und sich selbst von diesem gebräuchlichen Muster befreien, das so viele von uns haben, nämlich sich Gründe einfallen zu lassen, wieso etwas nicht funktioniert.

Ich glaube Ihnen! Es gibt eine Menge Gründe, wieso diese Beispiele, die ich genannt habe, für Sie ganz und gar unpassend sind. Passen Sie die Beispiele an Ihre eigene Situation an. Machen Sie sich folgenden Ansatz zu eigen: »Ich kann Gründe finden, wieso das funktionieren *kann*.« Und denken Sie daran, dass wahre Freude darin liegt, eine umfangreiche, gehaltvolle Vision Ihres reichen Lebens zu erschaffen.

Also lassen Sie uns damit beginnen.

Wenn Sie eine Woche in irgendeiner Stadt der Welt verbringen könnten, welche wäre das? Warum?

DIE ÜBERRASCHUNGSGESCHENK-CHALLENGE

Schicken Sie einem geliebten Menschen ein Geschenk, von dem Sie wissen, dass es demjenigen gefallen würde. Auf die Karte können Sie schreiben: »Ich habe an dich gedacht.« Wie ist die Reaktion dieser Person ausgefallen?

IHR LEBEN IN ZEHN JAHREN

Schreiben Sie Ihre Vision davon auf, wer Sie in zehn Jahren sein werden. Wo werden Sie wohnen? Mit wem treffen Sie sich Freitag- oder Samstagabend? Und wenn Sie sich ansehen, wie Sie Ihre Zeit verbringen, wie viel davon verbringen Sie mit Arbeit und wie viel davon mit Freizeit?

Denken Sie nun in einem noch etwas größeren Maßstab. Schreiben Sie eine weitere Vision auf, wer Sie in zehn Jahren sind. Dieses Mal sind Sie sogar noch erfolgreicher, als Sie ursprünglich dachten.

Wo wohnen Sie?	
In welchem Viertel?	
Welche(s) Haus/Wohnung?	
Welchen Beruf haben Sie?	
Wie lautet die Bezeichnung?	
Wie viele Stunden arbeiten Sie?	
Welche Art Anerkennung erhalten Sie für das, was Sie leisten?	
Wie viele Menschen wollen Zeit mit Ihnen verbringen? Wie erfüllend sind diese persönlichen Beziehungen?	
Welche Chancen haben Sie geschaffen, eine tiefere Beziehung mit den geliebten Menschen in Ihrem Leben aufzubauen und zu nähren?	

Träumen Sie jetzt noch gewaltiger! Ich will, dass Sie Ihre wildeste Vision Ihres Erfolgs in zehn Jahren aufschreiben. Halten Sie mit nichts hinter dem Berg.

Wie sieht Ihr Lebensstil aus?	
Wann stehen Sie auf?	
Können Sie von zu Hause arbeiten?	
Haben Sie die Kontrolle über Ihre Zeiteinteilung?	
An was haben Sie leidenschaftliches Interesse?	
Haben Sie einen tief empfundenen Lebenssinn, der Sie begeistert?	
Werden Sie außergewöhnlich gut bezahlt für die Arbeit, die Sie leisten? Wie gut?	
Welche Rolle spielt Geld in Ihrem Leben? Ist es nicht mehr das wichtigste Problem?	
Haben Sie das Spiel um Geld »gewonnen«?	
Suchen Sie nun nach mehr Sinn, statt nur mehr Geld anzuhäufen?	

Lernen Sie, auf konstruktive Weise Geld zu »verschwenden«. Wenn Sie Geld erübrigen können, eröffnen Sie ein Sparkonto, das Sie »Risikokonto« nennen, und zahlen Sie jeden Monat 50 Dollar darauf ein. Geben Sie es dann für etwas aus, das andere als »Geldverschwendung« betrachten. Der einzige Haken an der Sache: Sie *müssen* jeden Monat den ganzen Betrag ausgeben. Wie würden Sie das tun?

Beispiele

» Gehen Sie auf ein Konzert, bei dem Sie den Künstler nicht kennen.

» Probieren Sie mal ein ganz neues Gericht in einem Restaurant.

» Nehmen Sie einen Extraurlaubstag, den Sie gar nicht »brauchen«.

Wieso »Geldverschwendung« in Ordnung ist

Als ich aufwuchs, machte ich mir stets Sorgen darüber, Geld zu verschwenden. Das war auch sinnvoll – ich hatte ja nicht viel!

Aber seitdem habe ich meine Perspektive geändert. Ich bin überzeugt: Wenn ich meine finanziellen Grundbedürfnisse abgedeckt habe, ist es völlig in Ordnung, einen bestimmten Betrag Geld jedes Jahr zu verschwenden. Tatsächlich *erwarte* ich es sogar.

Hier ein paar Beispiele:

» **Bücher kaufen.** Ich glaube, Bücher gehören zu den wertvollsten Dingen auf der Welt, also schuf ich Ramits Buchkaufregel, die besagt: »Wenn du dich für ein bestimmtes Buch interessierst, kaufe es einfach.« Das Resultat ist, dass ich jedes Jahr tonnenweise Bücher kaufe. Einige davon liebe ich. Andere sind immer noch in der Warteschleife. Und einige hasse ich schon nach 30 Seiten. Habe ich mein Geld dafür »verschwendet«? Ja, könnte man vielleicht so sagen. Aber ich habe auch 20 andere Bücher entdeckt, die mein Leben verändert haben.

» **Zu einem Vortrag gehen.** Ich habe schon jede Menge verrückter Vorträge gehört. Ich habe für den Zugang zu einem Webinar bezahlt, bei dem ich lernte, wie Architekten Häuser entwerfen – und ich liebte es. Ich habe an einer Teezeremonie teilgenommen – nicht wirklich mein Ding. Und meine Frau und ich haben über Zoom eine Zaubervorstellung angesehen – das war toll. Einiges davon war richtig gut, anderes eher ein Rohrkrepierer. Aber um lebensverändernde Erfahrungen zu machen, sollten Sie etwas Ausschuss mit einkalkulieren.

» **Geschäftsausgaben.** Einer meiner Mitarbeiter bezahlte einen Filmemacher, einige meiner Instagram-Videos zu editieren, für etwa 20 Dollar pro Stück. Eines Tages bekamen wir eines der Videos zurück und es gefiel mir einfach nicht – es wirkte einfach nicht richtig –, also nahm ich mein eigenes Video auf. Mein Mitarbeiter kam zu mir und sagte: »Du weißt schon, dass wir gerade 20 Dollar verschwendet haben.« Ich lächelte nur, denn im Großen und Ganzen machen 20 Dollar für mich keinen Unterschied. Tatsächlich würde ich damit rechnen, wenn wir 200 Dollar für zehn Videos zahlen, dass wir vermutlich mindestens drei oder vier davon nicht verwenden können. Das sind einfach Kosten, die im Geschäft entstehen können. Aber als ich mich gerade erst mit Geld zu beschäftigen begann, wäre ich super streng gewesen: »Wir haben 200 Dollar ausgegeben, wir müssen sie alle verwenden!« (Oder »Wir haben für ein ›All-you-can-eat‹-Büfett bezahlt, also müssen wir uns richtig vollstopfen!«) Heute kann ich mich dabei entspannen, denn ich weiß, dass wir für unsere Videos vorausgeplant und ein Budget festgelegt haben, mit dem Wissen, dass nicht jedes einzelne davon völlig perfekt werden würde.

Wir haben so viel Angst davor, Geld zu »verschwenden«, dass wir selten ein Risiko eingehen. Also bestellen wir immer das Gleiche in Restaurants. Wir sehen uns alle dieselben Monumente und Museen in denselben Städten an. Wir konzentrieren uns darauf, was falsch gehen kann – nicht auf das, was richtig laufen kann.

Für mich hatte es etwas Magisches, als ich akzeptierte, dass etwas Verschwendung völlig in Ordnung ist. Natürlich will ich damit bewusst umgehen. Ich will meine Ausgaben überwachen und innerhalb meiner eigenen Grenzen bleiben. Aber die meisten von uns sind so »schockstarr bei Verschwendung«, dass ich Sie gerne ermuntern möchte, ein bisschen mehr Risiken einzugehen.

Und das können Sie so machen: Eröffnen Sie das »Risiko«-Sparkonto von Seite 193 und zahlen Sie jeden einzelnen Monat 50 Dollar ein. Automatisieren Sie das. Mein Ziel ist, dass Sie etwas Riskantes ausprobieren, etwas Neues, und das ständig. Und in den meisten Fällen sollten Sie damit rechnen, dass Sie scheitern werden. Es lohnt sich, etwas zu verschwenden.

»Wir haben so viel Angst davor, Geld zu ›verschwenden‹, dass wir selten ein Risiko eingehen. Wir konzentrieren uns darauf, was falsch gehen kann – nicht auf das, was richtig laufen kann.«

Vielen Menschen graut es vor dem Montag. Sie nennen es tatsächlich »Sonntagsangst«, wenn sie über eine weitere Woche Arbeit nachdenken! Wie würde in Ihrem wirklich reichen Leben der ideale Montag aussehen? Was würden Sie sehen, wenn Sie aufwachen?

» Denken Sie über Ihre Umgebung nach. Wie würde Ihr ideales Badezimmer aussehen? Ihr Kühlschrank?

» Was steht den restlichen Tag in Ihrem Kalender?

Was würden Sie gerne dieses Jahr erreichen, damit Sie das Gefühl haben, Ihr Leben richtig gelebt zu haben?

Arbeit

Persönliches

Familie oder Partner(in)

Anderes

Wenn Geld oder die Meinung anderer Menschen Sie nicht zurückhielten, was würden Sie anders machen?

GEBEN SIE SICH SELBST EIN VERSPRECHEN

Welches Versprechen könnten Sie sich heute geben, um sicherzustellen, dass Sie Ihr reiches Leben leben? Zum Beispiel: »Ich verspreche, immer 5 Dollar zu geben, wenn ich jemanden auf der Straße sehe, der Geld braucht.« Oder: »Ich verspreche, mir einmal im Jahr eine besondere Reise zu gönnen.« Oder sogar: »Ich verspreche, niemals so geizig zu werden wie Onkel Joe.«

» Ich verspreche ______________________________

____

» Ich verspreche ______________________________

____

» Ich verspreche ______________________________

____

» Ich verspreche ______________________________

____

» Ich verspreche ______________________________

____

» Ich verspreche ______________________________

____

Schreiben Sie Ihren Nachruf, so wie er heute geschrieben werden würde. (Die meisten Menschen reden nur ungern über den Tod und was damit einhergeht, wie das Testament oder die Planung für das Ende des Lebens. Meine Philosophie lautet: Jeder stirbt eines Tages. Wir sollten einfach die Realität anerkennen, dann dafür planen, damit wir jetzt schon unser bestes Leben leben können.)

Sehen Sie sich in den nächsten ein bis zwei Tagen noch einmal Ihren Nachruf an. Was hat noch gefehlt? Was nahm zu viel Raum ein? Wenn Sie heute Veränderungen vornehmen können, verändern Sie damit Ihre Zukunft. Schreiben Sie einen neuen Nachruf, der Ihre authentische Vision eines reichen Lebens widerspiegelt. Fügen Sie Details über die Menschen ein, die Sie lieben, über Ihre Arbeit und Ihre Leidenschaften.

BEREICHERN SIE IHR REICHES LEBEN
SCHLUSSGEDANKEN

Als ich auf einer Lesereise war, traf ich eine Frau aus Pasadena in Kalifornien, die die Hand hob und sich freiwillig für meine Übung zu den Geldreglern meldete. Nennen wir sie Nicole. Ich fragte sie, wofür sie gerne Geld ausgab.

»Kleidung! Ich liebe Topshop«, sprudelte es aus Nicole heraus. Man hörte in ihrer Stimme die Begeisterung darüber, die Leidenschaft, endlich einmal jemandem davon zu erzählen – gleichzeitig war es ihr etwas peinlich, da es etwas so Oberflächliches war. Alle Anwesenden hatten sie sofort ins Herz geschlossen.

Ich fragte sie, was sie tun würde, wenn sie ihre Ausgaben für Kleidung vervierfachen würde. Nicole grinste: »Dann hätte ich *überall* ganze Kisten voller Kleidung.« Das Publikum brach in Gelächter aus.

»Okay, stellen Sie sich vor, dass Sie Ihre Ausgaben für Kleidung verdoppeln, vervierfachen, vielleicht sogar verzehnfachen. Wo würden Sie dann einkaufen?«

Sie wurde kleinlaut und sagte dann: »Ich weiß nicht. Bei Topshop vielleicht?«

Das war der Moment, auf den ich gewartet hatte. Wenn wir über unser reiches Leben nachdenken, geraten wir oft ins Stocken, wenn wir eine noch größere Vision davon entwerfen sollen. Sie reagierte wie so viele andere, denen ich dieselbe Frage stellte. »Wenn ich Kleidung mag und meine Ausgaben vervierfachen kann, werde ich einfach viermal so viel Kleidung kaufen!«

Aber es gibt noch eine andere Möglichkeit. Ich wies behutsam darauf hin, dass sie vielleicht gar nicht mehr bei Topshop einkaufen würde, wenn sie großzügig Geld für die Dinge ausgab, die sie liebte. Ich schlug vor, dass sie vielleicht stattdessen Kleidung in einem teureren Laden kaufen könnte oder sogar eines Tages nach Italien fliegen und sich einen wunderschönen Mantel maßschneidern lassen. Und sie könnte ihre Mutter mitnehmen, damit sie sich beide gemeinsam zueinander passende Mäntel kaufen konnten.

Wir glauben normalerweise, dass »reicher« ein Synonym für »größer« ist und wir glauben, dass größer »mehr« bedeutet, als würde man bei Costco einkaufen. Aber wenn Sie älter werden, wird Ihnen klar, dass »größer« viele verschiedene Dinge bedeuten kann. Werfen Sie noch einmal einen Blick auf Ihre Antworten in diesem Abschnitt und Sie stellen vielleicht fest, dass »größer« auch bedeuten kann, größere Risiken einzugehen, um neue und lebensverändernde Erfahrungen zu kreieren oder Ihre Zeit besser auszubalancieren, wenn es um das Verhältnis von Arbeit zu Freizeit geht.

Nicole wurde klar, dass sie auf lineare Weise über ihr reiches Leben nachgedacht hatte: Mehr ausgeben bedeutete mehr Kartons voller Kleidung. Aber sie konnte auch »größer« neu definieren, indem sie andere Marken kaufte, bessere Qualität oder sogar ein einmaliges Erlebnis daraus machen konnte, zusammen mit einem geliebten Menschen einzukaufen. Das ist das Tolle daran, wenn wir unser reiches Leben *bereichern*.

Wenn Menschen dieses Konzept wirklich verinnerlichen, wird dadurch oft ihre Sicht auf Geld völlig umgekrempelt. Sie dachten vorher linear und sehen dann, dass Geld mehrere Dimensionen hat und wertvolle Erinnerungen generieren kann. Plötzlich erscheinen die Möglichkeiten endlos. Vielen steigen die Tränen in die Augen, wenn ihnen klar wird, dass sie erst an der Oberfläche ihres reichen Lebens gekratzt haben. Zeuge dieses Augenblicks zu werden, in dem die Menschen das realisieren, ist eine meiner größten Freuden im Leben.

Denken Sie noch einmal über mein Mantra nach: »Geben Sie auf extravagante Weise Geld für die Dinge aus, die Sie lieben, solange Sie gleichzeitig die Kosten der Dinge, die Sie nicht lieben, gnadenlos senken.« Die meisten von uns übergehen das Wort »extravagant«, denn wir nehmen an, dass damit obszöner Luxus gemeint ist.

Nein! Auch wenn es völlig okay ist, für Luxus Geld auszugeben, ist das keinesfalls die einzige Art, wie Sie Ihr reiches Leben kreieren können. Dazu kann auch gehören, einen besonderen Tisch in einer ruhigen Ecke eines Restaurants zu reservieren, damit Sie ein bedeutsames Gespräch führen können. Es kann auch bedeuten, dass Sie jemanden anstellen, der Ihnen im Haus hilft und denjenigen großzügig bezahlen. Es kann bedeuten, schnellere und bessere Resultate zu erzielen, indem man unter Anleitung eines Trainers oder Fitnessexperten seine Übungen macht.

Interessanterweise bietet einem ein bereichertes reiches Leben auch mehr Fokus; Sie können selektiver damit sein, mit welchen Dingen Sie sich umgeben wollen. Wenn Sie entscheiden, dass etwas nicht mehr wichtig für Sie ist, können Sie es einfach weggeben. Keine Schuldgefühle, keine Scham – Ihre Entscheidungen haben die gleiche emotionale Auswirkung, als würden Sie nur Ihre Küche umräumen. Das ist okay! Sie bestimmen selbst über Ihr reiches Leben und Sie wissen, wie Sie ein Leben gestalten sollen, das perfekt auf Sie zugeschnitten ist.

Sie können sich aussuchen, wie weit Sie gehen wollen und was »groß« für Sie bedeutet. Mein Traum ist, dass Ihre Definition von »groß« im Laufe Ihres ganzen Lebens an Tiefe, Umfang und Großzügigkeit zunimmt.

NACHWORT

Ich habe einmal mit einem Paar gesprochen, das darüber stritt, ob es das Badezimmer renovieren sollte. Sie wollte es; er dachte, es sei Geldverschwendung. Als wir uns daranmachten, ihr reiches Leben zu visualisieren, sagten sie beide etwas, das ich nie vergessen werde.

Sie: »Das ist das Problem – wenn wir so weitermachen, wird unser Leben einfach ›okay‹ sein. Wir wollen aber nicht, dass unser Leben nur okay ist. Wir wollen, dass es besser ist als okay. Wir wollen, dass es großartig ist.«

Er: »Okay ...«

Sie: »Na ja, nein, das würden wir doch. Wir wollen, dass unser Leben besser ist als nur okay.«

Er: »Ja, ... aber es kommt drauf an, oder?«

Dieses Paar war sich also nicht einmal einig, ob sein gemeinsames Leben besser als nur »okay« sein sollte!

Das wirkliche Problem war, dass er keine Vision für die Zukunft hatte. Geld war einfach etwas, für das er arbeitete, das er sparte, und dann ... das war es. Einfach gesagt, er hatte vergessen, wie man träumt.

Klar, als Kinder wissen wir instinktiv, wie man träumt und spielt. Wir erschaffen imaginäre Welten und erzählen jedem Geschichten, der bereit ist zuzuhören. Aber wenn wir älter werden, wird uns diese zauberhafte Eigenschaft irgendwie ausgetrieben. Auf vielerlei Weise hat dieses gesamte Buch versucht, Sie wieder an diesen kindlichen Ort zu führen, an dem Sie große Träume träumen können.

Ich schrieb dieses Journal, weil ich weiß, wie wichtig es ist zu träumen. (Sicher, es gibt auch die mechanischen Aspekte, Konten mit geringer Besteuerung und automatisierte Investments einzurichten, und für die technischen Aspekte von Finanzen würde ich Sie gerne an mein Buch, *Ich zeige dir, wie du reich wirst,* verweisen.)

Aber es gibt noch einen anderen Teil der Psychologie des Geldes, den viele Menschen ignorieren, weil tief im Innersten die meisten von uns denken, dass unser Leben sich auf magische Weise ändert, wenn wir nur diese bestimmte Zahl auf unserem Konto erreichen. Tatsächlich ist es aber so, wenn Sie diese Zahl erreichen, egal, wie hoch sie ist, wird sich Ihr Umgang mit Geld nicht automatisch »updaten«, damit er zu Ihren neuen, robusten Finanzen passt. Und was ein noch größeres Problem darstellt: Sie werden nicht sofort ein ganzes Leben an Einschränkungen hinter sich lassen, wenn Ihr Bankkonto eine bestimmte Summe erreicht, nicht einmal, wenn es 5 Millionen Dollar sind. Ich unterhalte mich jede Woche mit Multimillionären, die Probleme haben, »viel Geld« für einen Nachtisch auszugeben.

Ich habe dieses Journal auch deshalb geschrieben, weil die Leute, immer wenn ich sie nach ihrem reichen Leben befrage, mir vage Antworten geben wie: »Ich will reisen.« Ja, ich mag es auch, Sauerstoff zu atmen. Aber drücken wir das mal präziser aus!

Ich gratuliere Ihnen, dass Sie genau das tun, indem Sie Ihr eigenes reiches Leben aufbauen und gestalten. Ich vermute, so viel haben Sie noch nie darüber nachgedacht – sich präzise über Details den Kopf zermartert –, wie Ihr Leben jetzt und in der Zukunft aussehen sollte.

Ich glaube, so einträglich haben Sie Ihre Zeit noch nie verbracht.

Und ich hoffe, dass dieses Journal Ihnen hilft, sich klarer darüber zu werden, was Ihnen wichtig ist. Ein Teil mag Luxus und Glamour sein. Ein Teil Schlichtheit und Familie. Ihr reiches Leben ist zum Greifen nah.

Ich habe noch eine letzte Übung für Sie: Blättern Sie noch einmal durch dieses Buch und klopfen Sie sich auf die Schulter dafür, wie weit Sie gekommen sind. Sie können zum Beispiel als Erstes einen Blick darauf werfen, was Sie vorne auf Seite 13 geschrieben haben und die Bucketlist Ihres reichen Lebens auf Seite 18 betrachten. Vergleichen Sie nun diese frühen Antworten mit den lebhaften Details auf Seite 117 darüber, wie Sie Ihr Glück kaufen können, über die Integration von Geld und Beziehungen auf Seite 152, und das Selbstvertrauen, das daraus hervorgeht, dass Sie Ihre sorgenfreie Zahl auf Seite 173 herausgearbeitet haben.

Achten Sie auf die Unterschiede in Ausmaß, Detailreichtum und die Bilder, die Sie sich ausgemalt haben.

Sie haben wahrlich wie ein großer Künstler Ihr reiches Leben gestaltet. Gut gemacht. Das dürfen Sie ruhig feiern, Sie haben es sich verdient!

Wenn Sie bereit für den nächsten Schritt sind beim Aufbau Ihres reichen Lebens, schließen Sie sich mir an unter *iwt.com*.

ÜBER DEN AUTOR

Ramit Sethi, Autor des New-York-Times-Bestsellers *Ich zeige dir, wie du reich wirst,* hat Millionen von Menschen bei der Suche nach einem reichen Leben und im Umgang mit Geld, Karriere, Unternehmen und Psychologie geholfen. Sein Newsletter beinhaltet interessante Enthüllungen über Geld, Verhandlungstaktiken und »Ramit's Rants« auf iwillteachyoutoberich.com. Sein neuer Podcast, *I Will Teach You to Be Rich,* wirft einen Blick hinter die Kulissen und erzählt die Geschichten über Liebe und Geld, die hinter geschlossenen Türen erzählt wurden. Folgen Sie ihm auf Twitter und Instagram: @ramit